わたしは決して
あなたを
ひとりにしない

主の声に耳を澄ます366日

サラ・ヤング 著
佐藤 知津子 訳

いのちのことば社

Japanese translation rights arranged
with Thomas Nelson, Inc., Nashville, Tennessee
through Tuttle-Mori Agency, Inc., Tokyo

我が母にささぐ……


私がこの本を最後まで書き上げることができたのは、母が励まし、力づけてくれたおかげです。母が、私の書いたものを高く評価してくれたことが、どれほど励みになったかわかりません。

母は私の原稿をいつもベッドのかたわらに置いていました。そうすれば毎朝、読むことができるからです。一度など、「家にはいないから、毎日、宿泊先に原稿をファックスしてちょうだい」と、頼まれたこともあったほど……。

母が癌で亡くなったあと、母が私の原稿の一部を手書きで写した日記を見つけました。

母は良いときも悪いときも――私が反抗期のときにも――私のためにずっと祈りつづけてくれました。信仰について書いた私の文章を、心から感動して受け入れてくれたのです。

母はよく、子ども向けの本を書きたいと言っていました。その願いが実を結ぶことはついになかったけれど、ある意味でこの本は、母が――私を介して――書いた、と言えるかもしれません。


〝お母さん、ありがとう！　あなたが遺してくれたものは、今も生きつづけています〟。

装丁　有限会社オセロ

はじめに

「神が今、私とともにおられる」という〝臨在〟を私が初めて経験したのは、息を呑《の》むほど美しい情景の中でした。

当時私は、フランスのアルプス山脈にある小さな村のクリスチャン・コミュニティで生活しながら学んでいました。これは、ラブリという、フランシスとエディス・シェーファー夫妻の働きによってスイスに設立された国際的な聖職者団体の支部でした。

私をとりまく環境は、どこを見てもまるで妖精の国のようで、私はラブリに滞在しているあいだ、好きなだけあたりを散策することができました。

冬も終わりに近づき、昼間の太陽の光は日光浴ができるほどの暖かさでしたが、降り積もった雪の底のほうまで解《と》けるほどではありませんでした。

純白の雪に反射するまばゆい陽光が、私の心を清めて、何年ものあいだ閉じこめられていた闇から解き放してくれたのです。

私は毎日、急な山に登って、魂に喜びを与えてくれる光景を楽しみました。頂に立つと、美しい景色がパノラマのようにとぎれることなく広がって、いつも夢中で見入ったものです。

眼下には私の住まいとなった村が見えました。この高さからだと、そびえ立つ教会の尖塔がいちばん目立ちます。

ぐるっと百八十度向きを変えると、ジュネーブ湖がずっと下のほうに見えました。湖が一個のダイヤモンドのように輝いて、まばゆい光の挨拶を送ってきます。

顔を上げると、私を囲んでいるアルプスの山々の氷に覆われた先端が目に入りました。私は、二つの目と神ならぬ限りのある心で、可能なかぎりすべてを吸収したくて、何度も何度も回っては眺めつづけたものです。

大学教授を父にもつ私は、さまざまな分野の本を読み、自分で考えるように励まされて育ちました。

マサチューセッツ州のウェルズリー・カレッジで哲学を専攻した私は、タフト大学での修士課程をもうじき終えるところでした。

その数か月ほど前のことです——。

兄弟が私に、シェーファーの『理性からの逃走』という本を読んでごらん、と勧めてくれました。

とても驚いたのと同時にうれしかったのは、その小さな本が、答えは出ないものとずっと前にあきらめていた私の疑問を解明してくれたことでした。私をあの素朴で純粋な場所に引き寄せたのは、フランシス・シェーファーの教えの知的な高潔さでした。

そこへ私を旅立たせたのは真理の探求によるものでしたが、私の心を神に開くのを助けてくれたのは、神の栄光を現す創造物——輝くばかりに美しい自然の情景だったのです。


ある夜のことです——。

ふと気づくと私は、暖かで心地よい山小屋風の建物を出て、雪山の中をひとりで歩いていました。

木々が深く生い茂ったところへ入っていくと、自分が弱く傷つきやすい存在であることを感じ、月の光に照らされた冷たい美しさに畏怖《いふ》の念を感じました。

大気は凍《い》てつき、乾いて、息を吸うと肺に刺さりそうなほどです。

突然、私は温かな霧のようなものに包まれた気がしました。そして、愛にあふれたイエスが今ここにおられるのを感じて、思わず「愛《いと》しいイエスさま」と、ささやいていたのです。

そんな言葉を口にするなんて、まるで私らしくなかったので、自分がこんなにも優しくイエスに話しかけるのを聞いて、ちょっとショックでした。

このイエスとの短いふれあいについてよくよく考えてみると、それは悔い改めた心の反応だったことに気づいたのです。その瞬間、私は自分がイエスのものであることを知りました。

これは、私がそれまでずっと探し求めていた理知的な答えよりも、はるかにすばらしいものでした。それが、天地万物の創造主との関係だったのです。

翌年、米国に戻った私は、イエスの臨在をもう一度経験しました。

その頃の私は、真剣に交際していた人との別れによる心の痛みから立ち直れず、クリスチャンであることが、自分の人生をどれだけ有意義なものにしてくれるのだろうか、と悩んでいました。

当時、私はバージニア州で、科学技術のマニュアルなどを書くテクニカルライターの仕事をしていたのですが、上司に命じられてアトランタで開かれる会議に出席することになりました。

この任務は義務的に引き受けただけで、ホテルにチェックインしたときも、何の熱意も意気込みも持っていませんでした。

ひとりで部屋にいると、寂しさが波のように襲ってきました。

そこで私は、孤独から逃れるために部屋を出て、あてもなくアトランタの街を歩きはじめたのです。

そして露店の本屋で、何冊かの本をちらちらと見ていくうちに、ふと*Beyond Ourselves*というキャサリン・マーシャルの著書に引き寄せられました。

その夜、その本を読んでいくうちに、私はもう孤独だとは思わなくなっていました。殺風景な部屋のベッドのかたわらにひざまずいた私は、圧倒的な平安と愛に包まれるのを感じたのです。

私はイエスがともにおられて、私の心の痛みを哀れんでくださっていることに気づきました。それはまぎれもなく、私がアルプスでお会いしたあの〝優しいイエスさま〟でした。

それから十六年間にわたって、私は多くの人が模範的なクリスチャン生活と見なすであろう生活を送っていました。

私はセントルイスにあるカベナント神学校に通って、カウンセリングと聖書学の分野で修士号を取得しました。その神学校に通っているときに、現在の夫のスティーブと出会ったのです。

スティーブは、日本に派遣された三代目の宣教師でした。

私たちは卒業後、日本で四年間の開拓伝道を二期つとめました。最初の四年間の任期のあいだに娘が生まれ、アメリカでの休暇中に息子が誕生しました。

二期目の任期が終わると、三年ほどアメリカに戻ることになりました。

私たちはアトランタに住み、スティーブは地元の日本人教会の牧会を助け、私はジョージア州立大学でカウンセリングの博士号を取得しました。

そして私は、研修の一環として、アトランタ地区のキリスト教のカウンセリングセンターで働くことになりました。

心に深い傷を負った女性たちがイエス・キリストに癒しを見出すのを手助けできたことは、忘れることのできない、かけがえのない経験となりました。

私はまた、優しくて愛情深い夫と愛らしい二人の子どもに恵まれたことにも感謝していました。家族は、私の人生の喜びの中心でした。

けれどもその十六年のあいだ、イエスの臨在をありありと感じる経験をすることは、一度もありませんでした。

そこで一九九〇年の夏、私は新たな探求を始めました。

最初は、アンドリュー・マーレーの『主の臨在の奥義』という信仰書を深く読みこむことから、です。

この本のテーマは、神の臨在はクリスチャンが繰り返し経験するように定められたものだ、ということです。マーレーは、神とふたりだけで、邪魔の入らない静かな親交の時を過ごすことの重要さを強調しています。

私がこの本を読みはじめたのは、ちょうど私の人生の予定がまったく立たなかったときでした。

私たちは、メルボルン在住の日本人の間で伝道するために、オーストラリアのビザが下りるのを待っているところでした。私は海外移住の準備のために、カウンセラーとしての充実した仕事を辞めてしまったので、その喪失感に自分を慣らそうとしていました。

そうした重大な変化のさなかに、神の臨在を心から求めはじめたのです。

私の日々は、聖書とデボーションの本、祈りの日記とペン、それにコーヒーを用意して、神とふたりだけで過ごすことから始まりました。

神の臨在を待っているうちに、神が私にご自身を現しはじめる。神とふたりだけで過ごす一、二時間が、本当にあっという間に感じられました。

その頃、直面していた先行きの不確かさは、ますます私を深く神に近づける結果になりました。

夫も私も、永住ビザを取得するのにどのくらい時間がかかるのか見当もつきませんでした。待機期間が無限に続いていくように感じられたほどです。

そのあいだに私は、二回の黒色腫《メラノーマ》の手術を含めて、四度の手術を受けました。

この、ひたすら待つだけの耐えがたい時間の慰めとなってくれたのは、聖書の中の一節でした。それはまた、果てしなく続くと思えたオーストラリアへの空の旅の道連れともなってくれました――まことに、あなたは喜びをもって出て行き、安らかに導かれていく（イザヤ55・12、新改訳）。

オーストラリアでの生活が落ち着くと、私とスティーブは宣教活動を開始しました。スティーブは、メルボルンにおける最初の日本人教会の設立を目指し、開拓伝道に着手しました。

私もそれを支える一方で、自分の宣教活動の中心は、オーストラリアの女性へのカウンセリングに置いていました。その女性たちの何人かが、ひどい虐待と精神的隷属から抜け出そうとしているところだったからです。

私たちの共同の教会活動は、家族を厳しい霊的な闘いにさらすことになり、私は神が守ってくださるように毎朝、祈りを欠かしませんでした。

ある朝のことです――。

私が祈っていると、神が私たち家族のひとりひとりを守ってくださっている光景が心に浮かんできたのです。最初に娘、次に息子、それからスティーブが、金色の光のように見える神の守りに包まれる様子が浮かびました。

今度は自分のために祈ると、突然、私はまばゆい光と深い平安とに包まれました。こんなにも力強い形で神の臨在を経験しているあいだ、私は時間の感覚をまったく失っていました。

求めもしないのに与えられたその経験を、私は感謝して受け止めました。そのおかげで、私は強められたのですから……。


そのわずか二、三日後――。

私のカウンセリングのクライアントで、近親姦の犠牲になった女性がいました。ようやく乗り越えたところだったのに、魔術儀式の中で行われる児童虐待を受けていたときの記憶が、またよみがえってきたのです。

この種の悪魔崇拝では、犠牲者（まだ幼い子どもが多い）は、想像を絶するほど邪悪で屈辱的な責め苦にさらされます。勇気あるクライアントと私は手を携えて、彼女の記憶の暗闇の中に入っていきました。

けれども神はその前に、まず私をご自身の栄光の光で包みこむことによって、深い暗闇の中へ足を踏み入れる準備をさせてくださったのでした。つまり、神の臨在は、私のためだけではなく、ほかの人たちを助けるための備えでもあった――そのことを、私ははっきり悟ったのです。

その同じ年（一九九二年）、私は *God Calling* を読みはじめました。*God Calling* は、二人の匿名の〝聞き手〟によって書かれたデボーション用の本ですが、このふたりの女性は紙と鉛筆を手にして、神のみもとで心静かに待ち、神からいただいたメッセージを書きとめることを実践していました。

このメッセージは第一人称で書かれたもので、〝わたし〟は神を指しています。この本は、私が日本で暮らしているときに、ある人が米国から送ってくれたものでした。あの頃は読むことはなかったものの、海外に二回移り住んだときも、本は手離しませんでした。

それから六、七年たって、この小さなペーパーバックは私の宝物になりました。イエスのみもとで生きたいという私の願いと、この本は、驚くほどぴったり一致したのです。

翌年、私は、神とのふれあいのときを過ごすうちに、「自分も神さまのメッセージを受け取ることができるのではないかしら」と思うようになりました。

長年にわたって祈りの日記は書きつづけていましたが、それは一方通行の伝達に終わっていました。話しかけるのは、いつも私でしたから……。

神は、聖書を通して私と意思の疎通をはかっておられることはわかっていたけれど、それ以上のものを私は切望していたのです。

私はしだいに、「神さまが日々私に直接話したいと望んでおられることを聞きたい」と思うようになりました。ペンを手にして神に耳をすませ、神が語っておられると思えることをすべて書きとめよう、と決心したのです。

初めて試《ため》したときにはぎこちなさを感じましたが、メッセージは受け取ることができました。それは短いけれど、聖書に基づいた適切なものでした。

メッセージのテーマは、私の最近の生活に関したことで、信頼や不安、神との親交などでした。私は自分の祈りの日記に書くことで、メッセージに対応していきました。

それとともに、私の日記は独白体《モノローグ》から対話体《ダイアローグ》の形式に変わりました。

そのうちに、メッセージがさらに自由にあふれ出るようになったので、これらの言葉を記すために専用のノートを買って用意しました。

この神との新たな形のふれあいは、私の一日のもっとも胸躍る時間となりました。これらの言葉が聖書のように霊感を受けて書かれたものではないことはわかっていましたが、書くことが私をさらに神に近づけるように助けてくれたからです。

私は神について黙想しながら、神からの個人的なメッセージを受け取りつづけてきました。人生の苦境に陥れば陥るほど、創造主からのこれらの励ましと導きは、ますます必要なものとなっています。

神のみもとに静かに座って心を落ち着けることは、こうした瞑想の時間に少しずつ書きとめているノートと同じくらい、私にとっては重要なのです。実際、しばらく神とともに座っているだけで何も書かない日もあります。

このように神に思いを集中しているときには、神の**みまえに満ちる喜び**（詩篇16・11）にひたるのですが、神との穏やかな心のふれあいを楽しみ、神の平安を受け取るだけのときもあります。

ペンを手にして神に耳を傾けてきた歳月を通して、私は、神の平安というテーマが私の書いたものの中でひときわ多くなっていることに気がつきました。

この傾向は、いくらかは私の個人的な必要を反映しているのは確かでしょう。けれども、多くの人と接するようになると、大部分の人が同じようにイエスの平安の癒しと慰めを求めていることがわかったのです。

私の人生を変えた聖句は、**やめよ。わたしこそ神であることを知れ**（詩篇46・10）でした。〝やめよ〟の別の解釈は、「憩いなさい」「力を捨てよ」「必死にがんばるのはやめなさい」です。これは、〝心配ごとは忘れて、わたしのもとに来なさい〟という、神からの魅惑的な誘いなのです。

神は私たちが切望している以上に、私たちとのこうした静かな時間を求めておられるのだ、と私は信じています。

また私は、**神の声を聞き分ける**（ヨハネ10・27）人々に神が今でも語りかけておられることも信じているのですが、神の声を聞くためには、常に聖霊の助けに頼っています。

J・I・パッカーは著書 *Your Father Loves You* の中で、こう述べています——「神は……私たちが神のみもとで、物事を考えて解決するように、私たちの心を導いておられる」

このように、神に耳を傾けることを実践してきたことは、ほかのどんな霊的な習慣よりも、神との絆を強めてくれました。ですから私は、自分が受け取ってきたメッセージの一部を、読者の皆さんにお伝えしたいのです。

世界中のさまざまな場所で、多くのクリスチャンがイエスの臨在と平安を尋ね求め、もっと深く経験したいと望んでいるのではないでしょうか。

本書では、すべての人に必要だと感じられるものを取り上げました。

言うまでもありませんが、誤りのない神のみことばは唯一、聖書だけです。私の書くものも、この不変の基準と一致していなければなりません。

私はそれを、イエスの視点から書いてきました。すなわち、一人称単数（わたし、わたしの、わたしのもの）はすべて、イエス・キリストを指しています。〝あなた〟は、読者の皆さんです。なのでこの本の考え方としては、イエスがあなた個人に語りかけている形をとっています。

本文はどの日にも、一日の最後に聖書の参照箇所を載せました。

神に耳を傾けていると、聖句そのものや、あるいは聖句の一部がしばしば心に浮かぶので、私はそれをメッセージの中に織りこんできました。

聖書の言葉（言い換えたものもあれば、そのまま引用したものもある）は、太字のゴシック体で表されています。

参照箇所は、このように聖書から直接引用されたものもありますが、中には、どの聖句を参照したのか、わかりにくいものもあるかもしれません。これは、読者にさらに深く考えていただくために入れたものです。

本書には、特定の聖句がかなり多く出てきます。それは、神が私を力づけ、励ますためにこれらの箇所をたびたび用いて、私の視野を**一時《いっとき》の軽い艱難《かんなん》**（Ⅱコリント4・17）から、神の永遠の展望へと引き上げてくださるからです。

感謝と信頼のテーマは、私が神のみことばを聴いたときに何度も繰り返されたものです。これらのテーマは、聖書に頻出する概念で、私たちがイエスの臨在と平安を享受するためには、欠かすことができません。

これらのメッセージはなるべく静かな場所で、ゆっくり読んでいただきたい、と思っています。

神のみもとで心を静めて待つあいだに与えられた考えや感情を、あなたも日記につづってみませんか。心に浮かんだものを、どんなことでもいいから書きとめておくことをお勧めします。

イエスがインマヌエル――**神は私たちとともにおられる**（マタイ1・23）であることを、いつも心に留めて……。

どうか主が、いつもあなたとともにおられ、ますます多くの恵みと平安をあなたに与えてくださいますように！

サラ・ヤング

1月

わたしはあなたがたのために立てている計画をよく知っているからだ。――主の御告げ――それはわざわいではなくて、平安を与える計画であり、あなたがたに将来と希望を与えるためのものだ。

（エレミヤ書29章11章）

1月1日

学ぼうという素直な心で、変わりたいという熱意をもって、わたしのもとに来なさい。

わたしにぴったり寄り添って歩んでいれば、常に新たな人生が開けていく。

新しい年を歩み出すにあたって、今までのやり方にしがみついていてはいけない。

わたしとの旅が**心を新たにして自分を変えるもの**であることを知って、心を開いて、わたしの顔を慕い求めなさい。

ほかのことに惑わされず、わたしだけに思いを向けて、わたしがどんなにあなたのことを心にかけているかを知りなさい。

わたしはいつもあなたを見ている。わたしの注意は無限に及ぶからだ。

わたしは、あなたのすべてを知っている。何もかもわかっている。

わたしの想いは、永遠に尽きることのない愛で、あなたを抱きしめている。

わたしはあなたのために立てている計画を、心に留めている。それはあなたを害するものではなく、繁栄を与える計画で、希望と将来を約束するものだ。

さあ、わたしにすべてをゆだねて、わたしとの旅に出よう。一足ごとに、より深くわたしに心を向けて……。

◆ローマ12・2、エレミヤ29・11

1月2日

わたしのもとに来て、ふっと肩の力を抜き、疲れた心を癒しなさい。

ともするとあなたは、わたしと時を過ごしていても、今日の予定や問題に気持ちが飛んでいってしまいがちだ。

わたしに思いを戻して、気持ちを新たにしなさい。

ひたすらわたしに心を向けて、わたしのまばゆい光に全身で浸ってごらん。

わたしはあなたに、日々何が起きても立ち向かっていけるように準備をさせる。

あなたがこうやって時間をささげることは、わたしを喜ばせ、あなたに力を与える。

わたしと過ごす時間を、惜しまないこと――。

片づけなければならないさまざまな用事がうるさく迫ってきても、屈してはいけない。

あなたはその良いほうを選んだのだ。あなたからそれを取り上げてはならない。

◆詩篇105・4、ルカ10・39〜42

1月3日

わたしのところに来て、心安らぎ、元気を取り戻しなさい。

この平安は、どんなときも何が起きても、あなたのものだ。

あなたが生きていくうえで果たさなければならない務めを行うときも、**わたしの隠れ家に身を避けることを学びなさい。**

わたしは、いつもあなたのそばにいる。あなたの内にいる。

わたしはあなたの先に立って道を開き、あなたに寄り添って歩む。

わたしほど献身的な道連れは、ほかには決していない。

わたしがいつもそばにいるから、あなたの足取りは、ほかの人が目を留めるほど軽やかだ。

さまざまな問題や未解決のトラブルに押しつぶされてはいけないよ。

わたしが、あなたの重荷を負って歩くからだ。

この世であなたは、いくたびも試練や苦難に出あう。けれど、くじけてはならない。

わたしはすでに世に勝ち、世があなたに危害を与える力を剝奪した。

あなたはわたしに、ゆるぎない平安を見出すことができるのだから……。

◆詩篇31・19〜20（NASB）、ヨハネ16・33（AMP）

1月4日

新しい習慣を身につけなさい。

何が起きても〝イエスさま、あなたにおまかせします〟と言えるように……。

おりにふれて、**力と栄光**に満ちたこのわたしは何ものなのか、ということに想いをめぐらせ、わたしのあなたへの愛がどれほど深く、どれほど広いものであるかを考えなさい。

こうするだけであなたは、どんな状況に置かれてもわたしを見出し、この世界を統治するわたしの至高の力を知るだろう。

こうした見方で——宇宙を支配するわたしを通して——物事を見るようになると、恐れにとらわれることはなくなる。

何があっても、わたしを信じてゆだねるようになると、逆境は成長の機会へと変わっていく。

あなたは、さまざまな恵みがわたしの慈しみの手からじかにあふれ出していることに気づき、感謝をもってそれを受け取る。

あなたが、今もこれからも、わたしにすべてを託していくかぎり、わたしとあなたの絆は、ますますゆるぎないものとなる。あなたはいつまでも、わたしのもとにいるだろう。

◆詩篇63・2、イザヤ40・10〜11、詩篇139・7〜10

1月5日

あなたは、わたしを深く頼って生きることで、輝かしい人生を勝ち取ることができる。

人はたいてい勝利を、成功（落ちることもつまずくことも、ミスをすることもない）と結びつけて考えるものだ。

けれど、自力で成功している人たちは、わたしのことを忘れて自分の思いどおりに事を運びがちだ。

さまざまな問題や失敗、弱さや困窮によってこそ、わたしに頼ることを学ぶのに……。

本当の意味でわたしに頼るというのは、ただ単に、自分がすると決めたことを祝してください、と願うことではない。

心を開いてわたしのもとに来て、〝どうぞ、私の中にあなたの願いを植えつけてください〟と求めることだ。

わたしは、とうていあなたの手に届きそうもない夢で、あなたを満たすこともある。

本来なら自分の力ではそうした目標を達成できないことを、あなたも知っているはずだ。

だから、わたしに深い信頼を置くことで、あなたの旅を始めなさい。

これは、寄りかかりたくなったらいつでもわたしに寄りかかって、一足一足進んでいく信仰による歩みだ。

この道は、常に成功が続くわけではない。失敗も多い。

けれども失敗するたびに、わたしをますます頼みにすることで、あなたはぐんと成長する。

わたしにさらに深く頼ることによって、恵みに満ちた勝利の人生を楽しみなさい。

◆詩篇34・17～18、IIコリント5・7（NKJV）

1月6日

わたしは、あなたが求めたり思ったりすることすべてを、はるかに超えてかなえることができる。

わたしの力には限りがなく、どんなことでも成し遂げられるということを心に留めて、大きな期待を抱いてわたしのもとに来なさい。

　聖霊に、あなたの心を支配してくださるようにお願いしなさい。わたしがどれほど偉大であるかに気づくように……。


　ずっと祈っているのにまだかなえられないことがたくさんあるからといって、がっかりしてはいけないよ。

　何ごとにも時間がかかる。けれど時間をかけることで、あなたは暗闇の中でもわたしに信頼して待つように訓練されるのだ。

　あなたは、状況が悪くなればなるほど、そこに**わたしの栄光と力**が働くのを目にするはずだ。

　大変なことが多いからといって心配ばかりしていないで、かえってわたしの最善の介入につながる良い機会になったと考えるようにしなさい。

　いつも目と心を大きく開いて、あなたの人生にわたしが行っていることを、何ひとつ見落とすことのないように……。

◆エペソ3・20〜21、ローマ8・6、イザヤ40・30〜31（NKJV）、黙示録5・13

1月7日

わたしをどれだけ賛美し感謝しても、しすぎることはない。

　聖書にあるように、**わたしは、わたしの民の賛美を住まいとしている。**

　輝くばかりの美を目にしたときや、豊かな恵みを受けたとき、あなたの心からごく自然に喜びがあふれ出て、わたしを賛美する。

またあるときは、もっと抑制のきいた控えめな調子で――意思を働かせて――褒めたたえる。

わたしはどちらのタイプの賛美をも、同じように住まいとしている。


また、感謝もわたしのもとに近づく王道だ。

感謝に満ちた心には、わたしを迎えるゆとりがたっぷりある。

わたしの与える多くの喜びを感謝するとき、あなたはわたしが神であること、すべての恵みはわたしからあふれ出ていることを確信する。

不運に見舞われてもなお、わたしに感謝するなら、至高の存在であるわたしへの信頼は、目には見えない領域でのお手本となる。


あなたの人生の空き時間をくまなく賛美と感謝で埋めつくしなさい。

この喜びに満ちた習慣を自分に課すことは、あなたがわたしと親密な関係を保ちながら生きていく助けとなるはずだ。

◆詩篇22・3（KJV）、詩篇146・1〜2、Iテサロニケ5・18

1月8日

わたしはここにいるよ、とそっとあなたに告げよう。

かすかな光が、あなたの心に入りたいと優しく扉を叩いている。


わたしには天と地のすべてを支配する**力**がある。

けれどあなたのことは、かぎりなく大切に扱っている。

あなたが弱ければ弱いほど、わたしはもっと優しくあなたに接しようとする。

あなたの弱さを、わたしを迎え入れる扉としなさい。

自分なんてもうダメだと感じたらいつでも、わたしが**必ずそこにいてあなたを助けること**を思い出しなさい。

わたしに希望を託せば、あなたは鬱《うつ》状態からも自己憐憫からも守られる。

希望は、あなたと天をつなぐ金の糸……。

あなたがこの糸を固く握りしめれば握りしめるほど、あなたの負っている重荷をわたしがかわりに担う。あなたの心は、ほっと軽くなる。

重荷は天国のものではないのだから……。

希望をしっかりと握りしめていなさい。そうすれば、わたしの輝く光が闇をつらぬいて、あなたのもとに届くだろう。

◆詩篇46・1、ローマ12・12、ローマ15・13

1月9日

わたしはあなたのそばに、あなたのためにいる。ひとたび、わたしの意思にそった道を行くと決めたなら、天においても地においても何ひとつ、あなたを阻《はば》めるものはない。

ゴールに向かって進んでいくあいだに、あなたはさまざまな障害に出あうかもしれないが、くじけてはいけない。

絶対にあきらめないこと！

わたしの助けがあれば、あなたはどんな障害も乗り越えることができる。

わたしと手を携えて旅をするときに、楽な道を期待してはならない。

あなたの**常にともにいる助け主**であるわたしは、全能の神だということを忘れずに……。


まだ時が来てもいないのに事が起こるのを望むことは、あなたに多大なストレスをもたらす。

わたしはさまざまな形で至高の力を現している——そのひとつに、物事の起こるタイミングがある。

あなたがずっとわたしのそばにいて、わたしのやり方で物事を行っていきたいと望むなら、わたしに一瞬一瞬、進む道を示すように求めなさい。

自分のゴールにむかってやみくもに突進するのではなく、進むペースをわたしに設定させなさい。

歩調をゆるめて、わたしとの旅を楽しもう。

◆ローマ8・31、詩篇46・1〜3（NKJV）、ルカ1・37

1月10日

わたしを信じてゆだねるたびに、あなたはわたしの金庫に一枚ずつ金貨を増やしていく。そうやってあなたは、苦難の日々に備えて、信頼という資産を積み上げていくのだ。

わたしは、わたしに投じてくれたすべての信頼を心の金庫に保管している。それは利子がついて増えつづけていく……。

あなたがわたしを信じて託せば託すほど、わたしはあなたがもっとそうなれるようにする。

大変なことが起こりそうにもない平穏な日々のうちに、わたしを信じてゆだねることを習慣づけておきなさい。

そうすれば、いざ嵐が来たときに、金庫の中にはあなたが切り抜けるのに十分なだけの信頼が蓄えられているはずだ。

わたしに信頼を置くことで、**宝を天に蓄えなさい。**

このことを習慣にすれば、あなたはずっとわたしの平安のうちにいられるのだから……。
◆詩篇56・3～4、マタイ6・20～21

1月11日

わたしを信じて、わたしの手にすべてをゆだねなさい。**思いわずらいを捨て、わたしこそ神であることを知りなさい。**

これはわたしの世界――わたしが創造し、わたしが支配する世界である。

あなたの役割は、愛に満ちた語りかけに応じることだ。

わたしは、わたしの子どもたちの中に、わたしを受け入れようとする思いを探している。

あなたの心の中にわたしが植えた、この贈り物を大切に守り、わたしという光をあて、愛《いと》おしんで育てなさい。

わたしに祈りのリクエストをするときは、気にかかっていることをみんな、わたしの前に並べなさい。

とりつくろわずになんでもわたしに話して、心の中のものを吐《は》き出してごらん。

そのあとで、結果がわかるずっと前からすでにわたしが答えを出すために動き出していることに、感謝を忘れずに――。

わたしに願ったことがまた頭に浮かんだら、答えがもう途中まで来ていることに感謝しつづけなさい。

心配ごとを何度も口にしていると、あなたはずっと緊張状態で暮らすことになる。

わたしがどんなふうにあなたの祈りにこたえるかを感謝すると、あなたはもっとずっとプラス思考になる。

感謝をこめた祈りによって、あなたはわたしの存在と約束に心を向けつづけることができる。
◆詩篇46・10（AMP）、コロサイ4・2、
IIペテロ1・3〜4

1月12日

あなたの前に広がる今日という日の備えを、わたしに託しなさい。

わたしはこの日に何があるか正確にわかっているが、あなたには漠然とした予想しかない。

あなたは、旅で出くわす曲がりくねった道をすべて教えてくれる地図を見たがっている。

道の前方に何があるかを思い浮かべることができれば、少しは備えができた気分になるからだ。ところが、あなたが今日〝どんなこと〟に遭遇しても万全な、もっと良い方法がある。わたしと充実した時間を過ごすことだ。

わたしは道の先に何があるかをあなたに示すことはしないが、あなたに完璧な旅の身支度をさせよう。

今ここにいるわたしが、一足ごとのあなたの旅の道づれとなる。

わたしとの絆を絶やすことなく、自分の思いの方向を変える必要があるときは、いつでもわたしの名前をささやきなさい。

そうすればあなたは、今日の日を、わたしに専念して歩き抜くことができる。

わたしの不変の存在こそが、あなたの手に入りうる最高の地図なのだよ。

◆出エジプト33・14、ヨハネ15・4～7

1月13日

一日一日を、あなたのガイドが入念に計画した冒険なのだと考えてごらん。

目の前にあるその日のことだけを凝視して、自分の思いどおりに予定を立てようとするのではなく、わたしから目をそらさず、わたしがあなたのために用意したすべてのことに注意を向けなさい。

人生における今日という日を、二度とない貴重な贈り物であることを認め、わたしに感謝しなさい。

あなたがわたしの存在を感じとれるかどうかにかかわらず、いついかなるときもわたしがともにいることを確信して——。

感謝と信頼に満ちた態度をとることで、あなたは自分の人生に起こる出来事を、わたしの視点で見ることができるようになる。


わたしのもとで生きる人生は、退屈だったり、先が読めたりすることは絶対にない。日々、予期せぬ驚きに満ちていると期待しなさい！

ともするとあなたは、一日を過ごすのにいちばん楽な道を探しがちなので、それはがまんすること——。

わたしが導くところなら、どこでも進んでついてきなさい。

あなたの目の前の道がどんなに険しく危険そうでも、わたしの隣がどこよりも安全な場所なのだ。

◆詩篇118・24、Ⅰペテロ2・21

1月14日

わたしの恵みと平安を受けなさい。

心を開いて、わたしがあなたのために備えたすべてのものを受け取りなさい。

自分がからっぽであることを恥じることはない。かえって、それはわたしの平安に満たされるのに最適な条件なのだ、と考えることだ。

自分の外見に手を加えて、見た目を良くすることはたやすい。

あなたが良く見せようと努めれば、たいていの人はあざむけるだろう。

けれどわたしは、あなたをまっすぐに見透し、あなたの心の奥底まで見抜く。

わたしとの関係においては、偽りの占める余地はまったくない。

完璧に理解してもらえていることの、安堵と喜びを噛みしめなさい。

あなたが今苦労していることや、自分はダメだと感じていることをわたしに話してごらん。

わたしが少しずつ、あなたの弱さを強さに変えていってあげよう。

わたしとあなたの関係は、恵みに満ち満ちている。だから、**あなたが何をしようとしまいと、いかなるものも決してわたしのもとからあなたを引き離すことはできない。**

◆Ｉサムエル16・7、ローマ8・38～39

1月15日

わたしの顔はあなたを照らし、**人のすべての考えにまさる神の平安**の光を放っている。

あなたは苦難の海に囲まれている。けれどあなたは、あなたの平安であるわたしと顔をつきあわせるほど近くにいる。

わたしに思いを集中しているかぎり、あなたは安全だ。

もしもあなたが、自分を取り巻く無数の問題に目をこらしつづけたら、あなたは背負っている荷の重みに沈められてしまうだろう。

沈みかけたら、ただこう叫べばいい。〝イエスさま、助けてください!〟と……。

わたしがあなたを、海の中から救い上げよう。

日々の生活で、わたしの近くにいればいるほどあなたは安全だ。

あなたが置かれている現状は荒波のように逆巻き、遠くにはまがまがしい大波が見える。

わたしから目を離さないでいなさい。決して変わることのないこのわたしから……。

あの波があなたのもとに届くころには、波はすっかり小さくなって、わたしが造り上げたときの大きさに戻っている。

わたしはどんなときにもあなたのそばにいて、あなたが〝今日〟の波に立ち向かうのに手を貸そう。

未来は、あなたを脅かそうとする幻だ。将来への不安など笑い飛ばしてしまいなさい!

わたしのそばから決して離れてはいけないよ。

◆ピリピ4・7、マタイ14・30、ヘブル12・2

1月16日

わたしのもとに来て、わたしの愛に包まれて休みなさい。

あなたは、今日という日がさまざまな困難をもたらすことを知っているので、自分であれこれ方策を考えて、なんとかそれを切り抜けようとしている。

先に待ち受けていることばかりにとらわれて、**わたしが——今も、どんなときにも——あなたと**

ともにいることを忘れている。

困難に遭遇したらああしようか、こうしようかと頭の中でシミュレーションを繰り返しているから、結果的に、何度も辛い思いを味わうことになる。

現実に起こったときに初めてそれに対処すればいいにもかかわらず……。

そんなふうに自分で苦しみを何倍にも増してしまってはいけない！

わたしのところに来てわたしの平安を得て、ゆっくり心を休ませなさい。

わたしがあなたの不安をゆるぎない信頼に変えて、今日という日に向かえるようにあなたを強めてあげよう。

◆マタイ11・28〜30、ヨシュア1・5、9

1月17日

感謝の気持ちを抱いて、わたしのもとに来なさい。そうすれば、わたしが確かにそこにいることを感じてうれしくなるはずだ。

今日という日は、わたしが造ったもの。明日のことをあれこれ心配しないで、今日を楽しみなさい。

あふれるばかりの恵みを期待して、困難は訪れるままに受け入れ、わたしがあなたのために用意したあらゆるものを探しなさい。

あなたがどんなときにもわたしを中心に置いていれば、どれほど平凡な日にも、わたしはその中に奇跡を織りこむことができる。

わたしの栄光の富が十分すぎるほどのものを与えてくれることを忘れずに、わたしのところに来て、必要なものをすべて求めなさい。

わたしとのつながりを大切にして、わたしから離れないこと――。

そうすれば、どんなにひどい状況に置かれても、あなたはその影響を受けずに生活できる。

感謝をこめて、あなたの求めているものをわたしに告げなさい。人間の理解をはるかに超えた神の平安が、あなたの心と思いを守ってくれるだろう。

◆詩篇118・24、ピリピ4・19、6～7（NASB）

1月18日

わたしがあなたの歩みを導いているのは、高みにある道だ。

けれどその道には、上りもあれば下りもある。はるか遠くには、雪に覆われた峰々が燦爛《さんらん》たる陽光を受け、まばゆいばかりに輝いている。

あの峰々に達したい、とあなたが望むのは良いことだが、近道をしようとしてはいけない。

あなたに課せられているのは、わたしに従うこと、わたしの導く道を行くことだ。

高き峰々に招かれるままに進むがいい。けれど、わたしから離れないでいなさい。

物事が〝うまくいかない〟ときに、わたしを信じてゆだねることを学びなさい。

あなたのいつものやり方ではうまくいかなくなったとき、あなたがどれだけわたしに頼っているかが明らかになる。

わたしを信頼して試練を受け入れることは、**すべての苦難よりもはるかにまさる恵みをもたらす。**

今日という日を、わたしと手をたずさえて歩いていこう。

この道は一歩一歩、わたしが愛をこめて計画したもの……。

どんなに道が険しく、岩だらけになっても信頼が揺らぐことはない。

わたしの息吹を深く吸いこんで、わたしの手にしっかりとつかまりなさい。

わたしと一緒なら、必ず頂上に達することができるから！

◆ヨハネ21・19、IIコリント4・17、ハバクク3・19

1月19日

わたしの顔を尋ね求めなさい。

そうすれば、自分が得られるとは夢にも思わなかったものを見出すだろう。

わたしが、あなたの心の中心から思いわずらいをとりのぞいてあげよう。

わたしは、超自然的な雲のようなもの……。あなたの心の海に平安の雨を降り注がせる。

わたしの本質は、恵みを与えること。あなたの本質は、感謝をこめてそれを受け取ること――。

これは、世界の創造以前にすでに計画されていた至上の組み合わせだ。

わたしの恵みを感謝して受け取ることで、わたしの栄光をたたえなさい。


わたしは、あなたが探し求めているすべてのもののゴールだ。**わたしを尋ね求めるなら見出し**、あなたは満足する。


あなたが、わたしよりも劣ったゴールに注意を奪われていると、わたしの存在は薄れてあなたの人生の背景に追いやられてしまう。

わたしはずっとそこにいてあなたを見守り、待ちつづけているのに、あなたはまるで自分ひとりしかいないようにふるまっている。

本当は、あなたがどんな事態に直面しても、わたしの光が輝き照らしているのに……。


あなたの注意を広げ、いかなるときもわたしを招き入れることで、明るく輝いて生きなさい。

わたしを尋ね求めることを、どんなものにも決して阻ませないように――。

◆詩篇27・8（NKJV）、ピリピ4・7（MSG）、エレミヤ29・13

1月20日

今日という日に取り組むにあたって、あなたにとっての主《あるじ》は誰なのか、ということを意識してみよう。

この日の計画を立てる際に、あなたの人生の出来事をまとめ上げているのはわたしだ、ということを思い起こしなさい。

物事があなたの計画どおりにすんなり運ぶような日々は、至上の支配者であるわたしの存在には気づかないかもしれない。

計画が挫折した日には、わたしを探し求めなさい！

わたしはあなたの人生にとって重要なことを――それも、あなたが期待していたのとはまったく違うことを、行う場合がある。

そうしたときに何よりも大切なのは、あなたのやり方よりもすぐれたわたしのやり方を受け入れて、いつもわたしとつながっていることだ。

いったいどうなるんだろう、と答えを考え出そうとしないで、ひたすらわたしを信じて託しなさい。

これから起こるすべての良いことに対して、先取りの感謝を忘れずに……。

わたしは、あなたのために立てた計画をよく心に留めている。それは災いの計画ではなく、将来と希望を与えるものだ。

◆イザヤ55・9〜11、エレミヤ29・11

1月21日

わたしは、あなたが百パーセントわたしのものとなることを願っている。

わたしは、あなたがわたし以外に依存しているものから引き離そうとしている。

あなたの身の安全は、ほかの人間でもその場の状況でもなく、ただわたしひとりにかかっているのだから……。

わたしひとりに頼っていると、まるでぴんと張られた綱の上を歩いているような気がすることがあるかもしれない。

けれどその綱の下には、セーフティネットがちゃんと張られている。わたしの**永遠の腕が支えているからだ。**

だから、落ちることを恐れずに前に目を向け、わたしを見つめていなさい。

わたしはいつもあなたの先に立って、一度に一歩ずつ進んでいくようにあなたを招いている。

高いところにいるものも低いところにいるものも、他のどんな被造物も、わたしの示す愛から、あなたを引き離すことはできない。

◆申命33・27、ローマ8・39

1月22日

あなたの人生を、もっといろいろな面でわたしに託すように心がけなさい。

あなたが不安に思いがちなことはすべて、成長の機会となるのだから……。

そうした試練から逃げ出そうとしないで、むしろ幸いなこととして受け入れ、苦難の中にわたしがひそませたあらゆる恵みを熱心に求めなさい。

あなたの人生のすべての面でわたしが支配していることを信じるなら、いかなる状況でもわたしにゆだねることができるはずだ。

現状を悔やんだり、もしああしていたら、こうしていたら、と考えて無駄なエネルギーを使わないように――。

物事をあるがままに受け入れて、今のこのときから始めること。そして、そうした状況のまっ只《ただ》中《なか》で、わたしの道を求めなさい。

信頼は、わたしと一緒に上り坂の道を旅していくときに、あなたがもたれることのできる杖だ。いついかなるときもわたしを信じて頼りにするなら、その杖はどんなに重くてもあなたを支えてくれるだろう。

心を尽くしてわたしに信頼し、寄りかかり、すべてをゆだねなさい。

◆詩篇52・8、箴言3・5～6（AMP）

1月23日

人間的であることは、決して悪いことではない。お祈りの最中に気持ちがふらつくことがあっても、あわてたり、うろたえたりしなくていい。わたしにまた注意を戻しさえすればいいのだから……。

わたしにはちゃんとわかっているよ、というしるしの笑みを内緒で交わし合おう。

なんの条件も限界もないわたしのあなたへの愛を、心から喜びなさい。

わたしは、あなたを見放すことも見捨てることもないことを確信し、満ち足りた思いで愛をこめてわたしの名前をささやいてごらん。

あなたの一日の舞台の中に、そうした心安らぐ幕間《まくあい》の時間をたっぷりとはさみなさい。

このことを習慣にするとあなたは、わたしの喜びである**柔和で穏やかな性格**になることができる。

いつもわたしから離れずに生きていれば、わたしの恵みの光があなたを通してほかの人たちを照らす。

あなたの弱さとあなたの傷が窓となって、そこから**わたしの栄光を悟る光**が輝き出る。

わたしの強さと力は、あなたの弱さの中でこそ十分に発揮される。

◆申命31・6、Ⅰペテロ3・4、Ⅱコリント4・6〜7、Ⅱコリント12・9（AMP）

1月24日

わたしが与える平安は、宝の中の宝――**高価な真珠**だ。

それは、与えるものにとっても与えられるものにとっても、この上なく高価な贈り物……。

わたしはこの平安をあなたのために、わたしの血によって買い取った。

あなたはこの贈り物を、人生の嵐の只中でわたしを信じることによって受け取る。

もしもあなたがこの世の平安（何もかもが自分の思いのままになる）を得ていたら、わたしのはかりしれない平安を求めようとはしないだろう。

物事が自分の思いどおりに運ばないときこそ、

わたしに感謝しなさい。

聖霊による恵みは、試練に包みこまれているからだ。

堕落した世界では、逆境は日常茶飯事……。日々、それが起こるものと心していなさい。苦難に直面したときこそ、喜びなさい。**わたしはすでに世に勝ったのだから。**

◆マタイ13・46（NKJV）、ヤコブ1・2、ヨハネ16・33

1月25日

わたしの栄光の輝きに包まれて、わたしの愛に抱《いだ》かれなさい。

わたしの光の中に静まって、わたしの平安を受け取りなさい。

わたしとのこうした静かなひとときは、時間を超えて、あなたの想像をはるかに上回ることを成し遂げてくれる。

あなたの時間を、わたしにささげなさい。

そしてわたしがあなたと、あなたの愛する人たちにどれほど豊かに恵みを与えるかを見てごらん。

わたしとの親密なつながりを通して、あなたは内側からすっかり**造りかえられていく**。

あなたは、わたしに心を向けつづけるにつれて、わたしの望む形に造り上げられていくのだ。

あなたの役目は、自分の中に行われているわたしの創造のみわざに従うこと。

逆らったり、もっとスピードをあげさせようなどとはしないことだ。

ペースを決めるのはわたしにまかせて、神にいのちを吹きこまれた人生のテンポを楽しみなさい。

子どものようにわたしに頼って、わたしの手をしっかり握ってごらん。

そうすれば、あなたの前に一歩一歩、道が開けていく。
◆ヘブル13・15、IIコリント3・18、詩篇73・23〜24

1月26日

なんの問題もない人生を送る権利が自分にはある、と思ってはいないだろうか。

もしそうなら、そんな幻想は捨てるべきだ。

あなたはいまだに、心のどこかであらゆる困難を解決する手段を渇望しつづけている。

それは偽りの希望だ！

わたしが弟子たちに語ったように、**あなたには、この世で苦難がある。**

あなたの希望をこの世での問題解決に結びつけるのではなく、すべての困難から解放される天国における永遠の約束につなげなさい。

この、罪に堕《お》ちた世界に完全を求めるのではなく、わたしを——完全無欠な神を求めることに、力を注ぎなさい。

逆境の真っ只中でも、わたしがともにいることを楽しみ、わたしの栄光をたたえることは可能だ。

それどころか、わたしの光は、闇の中でわたしを信じ頼みにする人たちの中でもっとも輝く。

そうした信頼は超自然的なもの……。あなたの心の内に住む聖霊が生み出すものだ。

物事が何ひとつうまくいかないように見えるときでも、わたしを信じてゆだねなさい。

わたしは、状況が適切かどうかには関心はない。あなたの歩む道に何が訪れても適切な反応をするかどうか、に関心があるのだ。

◆ヨハネ16・33、詩篇112・4、7

1月27日

信頼に、天国に通じる黄金の道……。

この道を歩んでいれば、あなたはどんな状況に置かれてもそれにふりまわされずに生きていける。

わたしの栄光の輝きは、このいのちの道をたどる人々をもっとも明るく照らすからだ。

勇気を出して、わたしと一緒に高みにある本道を歩いていこう。これが天につづくいちばんの近道なのだから……。

低いところにある道は、回り道——苦しみにもつれ、くねくねと曲がる。

空気は重くどんよりとのしかかり、不吉な黒雲が空をおおっている。

自分の分別に頼ると、あなたは押しつぶされてしまう。

心を尽くして、わたしを信じ頼りなさい。そうすれば、わたしがあなたの道をまっすぐにしてあげよう。

◆ヨハネ14・1〜2、箴言3・5〜6

1月28日

わたしはいつもあなたとともにいる。

これは、わたしが天に昇る前に語った最後のことばだ。

わたしはこの約束を、耳を傾けようとするすべての人々に伝えつづけている。

わたしが今も〝ここにいる〟ことへの人々の反応はさまざまだ。

大半のクリスチャンはこの教えを真理として認めてはいるが、日常生活においては無視している。

間違った教えを受けたり、傷つけられた経験のあるクリスチャンの中には、自分の言動や思考をすべてわたしに知られていることを不安に思う（あるいは憤りすら感じる）人もいる。

この輝かしい約束を生活の中心に置いて暮らし、想像もつかなかったほどの恵みを見出す人は、わずかしかいない。

わたしの存在を常に意識して心の中心に据えるなら、あなたの生活のすべての要素があるべき場所にぴたりとおさまる。

心の目を通してわたしをしっかり見つめるうちに、あなたはわたしの視点でまわりの世界を見られるようになる。

わたしがともにいるという事実は、あなたの人生の一瞬一瞬を、常に意義あるものとしてくれるはずだ。

◆マタイ28・20、詩篇139・1〜4

1月29日

わたしを、いつもあなたの心の中心に据えなさい。

わたしはあなたにすばらしい自由を授けた——そのひとつが、心の中心に何を置くかを自分で選びとれることだ。

わたしの被造物の中で最高の存在である人間だけが、そうした驚くべき能力を有している。

これが**わたしのかたちに創造された**というしるしなのだ。

この日の目標を、**あらゆる思惑をしっかり捕らえてわたしに従わせること**に置こう。

あなたの心がさまよいはじめたらいつでも、それらの思いを投げ縄でつかまえて、わたしのもとへ連れてきなさい。

不安な思いは、わたしのまばゆい光にしぼんで消え、人を裁《さば》こうとする思いも、わたしの無条件の愛を浴びるうちに明るみに出る。

混乱して考えがまとまらなくなっても、シンプルそのもののわたしの平安に抱かれて憩ううちに、もつれがほどけていく。

あなたの心をしっかりとわたしに据えるなら、わたしはあなたを、いついかなるときも平安のうちに守りつづけよう。

◆詩篇8・5、創世1・26〜27、Ⅱコリント10・5、イザヤ26・3（AMP）

1月30日

わたしだけを礼拝しなさい。

あなたの心を占めるものがなんであろうと、その大半があなたの偶像神となる。

不安な思いは、それにとらわれすぎると偶像神に育ってしまう。

不安は己《おの》が命を獲得し、あなたの心に寄生し、侵蝕する。

わたしに**固く信頼し**、わたしのもとに来てあなた自身を一新させることで、この束縛を断ち切りなさい。

あなたの心の動きは、ほかの人たちには見えないし、看破《かんぱ》することもできない。けれどわたしは、絶えずあなたの思いを読みとり、わたしへの信頼のあかしを探している。

あなたの心がわたしに向かうとき、わたしはうれしい。

あなたの思いを注意深く見守っていなさい。思いをうまく選び取ることで、いつもわたしのそばにいられるのだから……。

◆詩篇112・7、Iコリント13・11

1月31日

わたしはあなたの力、あなたの盾——。

わたしは毎日あなたのために計画を立て、あなたが起きるずっと前から、あなたのためにその日の準備をしている。

わたしは、あなたが道を一足ごとに進むのに必要な力も与えている。

自分のエネルギーはどのくらい残っているか測ろうとしたり、この道の先には何があるのかと考えこんだりしないで、わたしとの絆を常にたもつことに意識を集中しなさい。

開かれた親密な関係を通して、わたしの力はあなたの中にふんだんに注ぎこまれる。

思い悩んでエネルギーを消耗させないこと。そうすれば力を取っておけるから――。

恐れを感じはじめたら、そのたびにわたしがあなたの盾であることを思い起こしなさい。

けれど、命のない武具とは違って、わたしは常にすばやく敏捷に動く。

わたしは絶えずあなたを見守り、既知のものでも未知のものでも、あらゆる危険からあなたを守る。

あなた自身を、わたしの見守りにゆだねなさい。

それはあなたにとって最高の安全対策《セキュリティシステム》になる。

わたしはあなたとともにいて、あなたがどこへ行ってもあなたを見守る。

◆詩篇28・7、マタイ6・34、詩篇56・3〜4、創世28・15

2月

主とその御力を尋ね求めよ。
絶えず御顔を慕い求めよ。

（詩篇105篇4節）

2月1日

ひと足ひと足、わたしについてきなさい。それが、わたしがあなたに求めることのすべてだ。実のところ、それがこの時間と空間に縛られた世界を進んでいく唯一の道なのだ。

巨大な山々がそびえたつのを目にして、あなたは、あんな高さをどうやって登ればいいのかと悩みはじめる。

そうしているあいだにもあなたは、自分の向かう先をしっかり見ていないから、わたしが導いているのに、今の楽な道でつまずいたりする。

手を貸して立たせるわたしに、あなたは告げる。前方に立ちはだかる絶壁のことで、どんなに思い悩んできたかを……。

けれど今日、何が起こるか、あなたは知らない。明日のことはなおさらだ。

わたしたちの道は急に曲がって、あなたはあの山々を通らなくてもすむかもしれない。

山の上には、この距離から見るよりずっと楽な道があるかもしれない。

わたしがあなたを先導して険しい崖を登るときは、困難な登山に備える完璧な身支度《みじたく》をあなたにさせよう。

わたしはあなたのために、天使に命じてあなたの道のどこにおいても守らせる。

今歩いている道のことだけを考えて、わたしとの旅路を楽しみなさい。

目に見えるものによらず、信仰によって歩み、目の前の道がわたしによって開かれることを信じゆだねなさい。

◆詩篇18・29、詩篇91・11〜12（AMP）、Ⅱコリント5・7（NKJV）

2月2日

わたしは、あなたの心を新たにする。あなたの思いを自由にわきあがるままにしていると、いろいろな問題に向かっていきやすい。あなたはその問題のことで頭がいっぱいになり、なんとかそれを克服しようとして、何度も堂々巡りをする。

こんなマイナス思考にとらわれているせいで、エネルギーが枯渇してほかの事柄に向けられなくなる。

最悪なのは、わたしを見失ってしまうことだ。

新たにされた心は、わたしの存在に焦点を合わせる。

どんなときと場合にも、わたしを探し求めるように、あなたの心を訓練しなさい。

時にはあなたを取り巻くものの中に、わたしを見出すことができる――楽しげな小鳥のさえずり、愛する人の微笑み、金色に輝く陽光の中に……。

また、時にはわたしを見つけるために、自分の内面に入っていかなければならないこともある。

わたしはいつも、あなたの心の中にいる。

わたしの顔を慕い求め、わたしに話しかけなさい。わたしがあなたの心を明るく輝かせてあげよう。

◆ローマ12・2、詩篇105・4

2月3日

あなたにはわたしがついている。わたしはあなたの味方だ。

あなたがひとりで立ち向かわなければならないものは、ひとつもない――〝何ひとつ〟としてない！

不安を感じたら気づいてほしい。あなたは目に見える世界のことばかりに意識を向けていて、わたしのことを締め出しているのだということを……。

それを正すのは簡単だ――**見えるものに目を留めるのではなく、見えないものに目を留めなさい。**

わたしへの信頼を言葉にしてごらん――**いつもあなたを見ている生ける神**への……。

わたしは、あなたが今日も、そして人生のすべての日々を無事に過ごせるように守っていく。

けれど、あなたがわたしを見出すことができるのは、今日のこの日だけ。

一日一日が、わたしの父なる神からのかけがえのない贈り物なのだ。

今日という日があなたの前に置かれているのに、将来の贈り物を欲しがってつかもうとするのは、愚かきわまりないこと！

感謝して今日の贈り物を受け取り、そっと包み紙を開いて深く探ってみなさい。

この贈り物を楽しんでいくうちに、あなたはわたしを見つけるはずだ。

◆ローマ8・31、Ⅱコリント4・18、創世16・13〜14（AMP）

2月4日

あなたの弱さをわたしのもとに携えてきて、わたしの平安を受け取りなさい。

万物を統《す》べ治めているのはわたしだということを心に刻み、あなた自身と、今置かれている状況をあるがままに受け入れなさい。

あれこれと分析したり画策したりして、自分を消耗させないこと——。

そんなことはしないで、感謝と信頼に今日の道案内をさせなさい。そうすれば、ずっとわたしの近くにいられるから……。

わたしの輝きの中で生きるなら、わたしの平安があなたを照らす。

あなたは自分がどんなに弱いか、あるいは強いかということを気にしなくなる。わたしに思いを集中するようになるからだ。

今日を切り抜ける最良の方法は、わたしとともに一歩ずつ進んでいくこと。

あなたがたどっている道は天国に向かっているのだと信じて、わたしとの心うちとけた旅を続けていこう。

◆詩篇29・11、民数6・24〜26、詩篇13・5

2月5日

わたしの顔を慕い求めなさい。そうすればあなたは、わたしの存在だけでなく、わたしが与える平安をも見出せる。

わたしの平安を受けるためには、あなたの〝なんでもつかみとりたい、思いどおりにしたい〟という姿勢を改めて、わたしを受け入れ、信頼する姿勢に変えなければいけない。

あなたが自分の魂を損なわずにつかむことができるのは、唯一わたしの手だけだ。

あなたの内にいる聖霊に、あなたの一日を管理し、思いを支配するようにお願いしなさい。**聖霊の思いは命と平安**だからだ。

あなたはわたし自身と、わたしの平安を、いくらでも望むだけ得ることができる。

それは毎日の、おびただしい数の正しい選択によってのみ得られるもの……。

わたしに信頼するか、それとも不安に身をゆだねるか――これは、あなたがもっとも多く直面し、繰り返し行う選択だ。

不安の種は、決して尽きることはない。けれど何があっても、あなたはわたしを信頼するという選択をすることができる。

わたしは**苦難のとき、必ずそこにいてあなたを助ける。**

たとえ、地が姿を変え、山々が揺らいで海の中に移ろうとも、わたしを信じてゆだねなさい。

◆ローマ8・6、詩篇46・1～2

2月6日

わたしのもとに来て、休みなさい。

わたしはいつもあなたに思いを寄せ、あなたに恵みを与えて、元気を回復させようとしている。

一息ごとに、わたしを深く吸いこみなさい。

あなたのすぐ前につづく道はとても険しい。歩むペースを落として、しっかりとわたしの手につかまりなさい。

わたしが今あなたに教えているのは、苦難によってしか学べない辛いレッスンなのだから……。

信仰のほかは何ももたず、両手を掲げて、かけがえのないわたしの存在を受け止めなさい。この贈り物を通して、光と命と喜びと平安が、豊かにあふれ出る。

あなたの気持ちがわたしからそれるとき、あなたはほかのものをつかみとろうとする。命のない灰に手をのばすと、わたしという熱く燃える贈り物を落としてしまう。

わたしのもとに立ち返りなさい。わたしという贈り物を取り戻すために……。

◆マタイ11・28～29、Ⅰテモテ2・8

2月7日

わたしのところに来て休み、心と身体を癒しなさい。

この旅はあなたには荷が重すぎて、あなたは芯から疲れきってしまった。

自分がくたくたに疲れていることを恥じることはない。

それどころか、あなたの人生をわたしに託す絶好の機会なのだと考えてごらん。

わたしは万事を益となすことができる、ということを思い起こしなさい。その中には、あなたの願いどおりにはならないものもある。

今このとき、あなたがこの場所にいること――これが、わたしの計画であることを受け入れ、まずここから始めなさい。

一瞬一瞬、一歩一歩進むことで、今日という日を過ごしていこう。

あなたの主要な務めは、いつもわたしに注意を向けていること。

あなたの旅路に伴うたくさんの選択を切り抜けていけるように、わたしに道案内をまかせることだ。

この課題は簡単そうに聞こえるが、実はそうではない。

わたしとともに生きたいというあなたの願いは、〝この世の価値観とさまざまな欲望とサタン〟とに逆らうからだ。

あなたの疲れの大半は、こうした敵との絶え間ない闘いから生じている。

けれども、あなたが今たどっているのはわたしが選択した道だ。だから、あきらめてはいけない！

わたしを待ち望め。あなたは、わたしの助けをなおも褒めたたえることになるからだ。

◆ローマ8・28（AMP）、詩篇42・11（NASB）

2月8日

わたしは、すべてのものを超越する――あなたの問題も苦しみも、そしてこの常に変遷する世界に起こる目まぐるしい出来事も、すべてを超越する存在なのだ……。

わたしの顔を見上げるとき、あなたは今の苦境を越えて、**天国**でわたしとともに憩う。

これが、わたしの光の中で生きる平安の道なのだ。

この世においては、次から次へとあなたに問題がふりかかることは確かだ。けれど、それらのことばかりに意識を向けてはいけない。

苦難の海に沈みかかっていると感じたら、〝主よ、助けてください！〟と呼び求めなさい。あなたをわたしのもとに引き戻してあげよう。

もしも一日に何千回もそう口にしなければならなくても、落ちこむ必要はない。

わたしはあなたの弱さをよく知っている。まさにその点においてこそ、わたしはあなたと出会うのだから……。

◆エペソ2・6、マタイ14・28～32

2月9日

わたしの顔を、もっともっと慕い求めなさい。あなたは、わたしとの心うちとけた旅をまさに始めたばかりだ。

それは決して楽ではないけれど、特権のある喜びに満ちた道――宝探しの道だ。

その宝はわたし……。わたしの栄光が、道を輝き照らす。

困難も旅の一部だ。わたしはそのごく適量を、あなたが想像もつかないほど優しく、かぎりなく慎重に配分する。

苦難にひるんではいけない。なぜなら、それはもっとも恵みに満ちたわたしの贈り物のひとつなのだから……。

わたしを信頼して、恐れを捨てなさい。わたしはあなたの力であり、歌だからだ。

◆詩篇27・8、Ⅱコリント4・7、イザヤ12・2

2月10日

わたしを信頼して、その日の用事をあとまわしにしても、わたしとゆったり時をすごすようにしなさい。

それは、天地万物の王であるわたしの意にかなうことなのだから、罪悪感をもつのはやめなさい。

わたしは全能の神だから、あなたの都合の良いように時間や出来事を修正できる。

あなたは、わたしとの豊かなふれあいのときを過ごしたあと、前よりも少ない時間で〝もっとたくさん〟のことを成しとげられることに気がつくだろう。

また、わたしの視点で物事を見るようになると、重要なものとそうでないものとを判別できるようになる。

常に忙しく動き回っていなければならないと思う罠に陥らないこと——。

わたしの名前によって行っても、天国ではなんの価値もないことが、とても多い。

無意味な働きをするのを避けるためには、わたしとのふれあいを絶やさないことだ。

わたしはあなたに悟りを与え、行くべき道を教えよう。あなたに目を留めて、あなたに助言を与えよう。

◆ルカ10・41〜42、詩篇32・8（NASB）

2月11日

わたしの平安は、絶え間なくあなたを照らす一筋の金色の光のようなもの……。

太陽がまばゆく輝く日には、それはあなたの周囲に溶けこんでしまうかもしれない。

暗く陰った日には、わたしの平安はあなたの置かれている状況とくっきり対照をなして際立つ。

闇のときも、わたしの光が超越した輝きを放つチャンスなのだと思いなさい。

わたしはあなたに、暗闇に打ち勝つ平安を保つ訓練をしているのだから、わたしに協力すること——。

気力を失って、疲れ果ててしまわないようにし

なさい。

◆ヨハネ1・4~5（AMP）、ヘブル12・3

2月12日

わたしはいつもあなたのすぐそばにいる。あなたの肩の上あたりにいて、あなたのすべての想いを読み取っている。

人は想いなんてはかなく意味がないものと考えているが、わたしにとってあなたの想いはかけがえのない大切なものだ。

あなたが愛をこめてわたしを思うとき、わたしは微笑む。

あなたの内に住む聖霊に助けられて、あなたはわたしの想いを思う。

あなたの存在のすべてが、あなたの想いのようになる。

わたしを、あなたの確固たる焦点としなさい。わたしが常に**あなたとともにいる神**であることを知って、わたしに目を向けるとき、あなたは喜びを味わう。

これは遠い昔の、わたしが最初に人を創造したときの計画によるものだ。

現代人は、自分の確固たる焦点を別のところに求める――スポーツや世間をあっと言わせること、財産を増やすこと。

広告は、自分の生活にそうした焦点を求めている人々の願望につけこむ。

その願望は、わたしが人の心の中に植えつけたものだ。その願いを十分に満足させることができるのはわたしだけだとわかっているから……。

わたしをあなたの喜びとしなさい。わたしを、あなたの心が求めるものとしなさい。

◆マタイ1・23、詩篇37・4

2月13日

あなたに平安があるように！——これは復活以来、わたしを慕い求める人たちにわたしが贈りつづけてきたことばだ。

わたしのもとで静かに座って、わたしの平安に包まれ、わたしの愛に抱《いだ》かれなさい。

この輝かしい平安をあなたに与えるために、わたしは罪人として刑を受け、死んだのだ……。

わたしの平安を、十分に感謝をもって受け取りなさい。

これは息を呑むほどの繊細な美しさをもちながら、どんな猛攻撃にも負けない強さをもつたぐいまれな宝物だ。

誇りをもって、わたしの平安を身にまといなさい。そうすることであなたの心は、わたしの心とずっと離れずにいられるから……。

◆ヨハネ20・19、21、ヨハネ14・27

2月14日

あなた自身を、今日の冒険に十分にささげなさい。

いつも隣にいる道連れのわたしを頼りにして、いのちの道を大胆に歩みなさい。

あなたには、そう確信するだけの根拠がある。あなたの人生のすべての日々を——永遠のいのちに向かって、わたしがともに歩んでいるからだ。

あなたから豊かな人生を奪おうとする不安や恐れに、屈してはいけない。

前もって問題を予測しようとしないで、わたしに信頼してあるがままに向き合うこと——。

信仰の創始者であり、完成者であるわたしから目を離さないでいなさい。

そうすれば、道の前方に待ちかまえる多くの困難は、あなたがそこに行きつくまでに消滅する。

不安を感じはじめたらいつでも、わたしが**あなたの右の手を堅く握っている**ことを思い出しなさい。

わたしの存在からあなたを切り離せるものは、何ひとつとしてないのだから……。

◆ヘブル12・2、イザヤ41・13

2月15日

あなたの弱さをすべて（身体面でも精神面でも、信仰的な面でも）携えて、わたしのところに来なさい。

わたしの慰めを受けて憩い、**わたしにできないことは何ひとつない**ことを心に刻むために……。

わたしに注意を集中できるように、あなたの心を目の前の問題から引き離しなさい。

わたしは、**あなたが求めたり思ったりすることのすべてを、はるかに超えてかなえることができ**

ることを忘れずに――。

あれもして、これもして、とわたしに指図しようなどとは思わずに、〃もうすでに〃わたしが行っていることに自分を合わせるように努めなさい。

不安があなたの思いの中に割りこんでこようとしたら、**わたしがあなたの牧者である**ことを思い出しなさい。

いちばん肝心なのは、わたしがあなたを気にかけているということ。だからあなたは、何も恐れなくていい。

人生を自分の思いのままにしようとするよりも、あなた自身をわたしの意思にゆだねなさい。

そんなことをするのは怖い――危険だとさえ思うかもしれないが、あなたにとってもっとも安全な場所は、わたしの心の内なのだよ。

◆ルカ1・37、エペソ3・20〜21、詩篇23・1〜4

2月16日

あなたが、**静まれ**と要求される状況にあることを、わたしに感謝しなさい。

一刻も早く元気になりたい、こんな状況はすぐに消え去ればいいのにと願うことで、その静かな時間を台無しにしないように――。

この世でのわたしの王国における最高傑作は、病の床や牢獄の独房の中で生まれたものがいくつもある。

弱った身体の限界を悔しがるよりも、そうした逆境の只中でこそ、わたしの道を求めなさい。

わたしのそばで生きることがもっとも強い願いとなるとき、あなたは限界から解きはなされる。

あなたは心穏やかに信頼することで、わたしの存在をよりいっそう感じることができる。

わたしに対するこの単純そのものの仕え方を軽んじてはならない。

世の中の活動から切り離されてしまったように感じても、あなたの穏やかな信頼は神の領域において力強い主張となる。

わたしの力は弱さの中でこそ、十分に発揮される。

◆ゼカリヤ2・13、イザヤ30・15、IIコリント12・9（AMP）

2月17日

わたしはよみがえって、いつもあなたを照らしている。

あなたがあがめているのは生ける神……。人間が作り上げた偶像の神ではない。

わたしとの関係は、わたしがあなたの人生の領域に広くふみこめばふみこむほど、活気に満ちた、意欲をかきたてるものとなる。

変化を恐れてはならない。わたしはあなたを、**新しく創造された者**とするからだ。

古いものは過ぎ去って、次々と新しくなる。

古いやり方や同じものに固執していると、あなたは自分の内にわたしが働くのを阻むことになる。

あなたの安全はわたしの内にしかないことに気づいて、あなたの人生にわたしが行っていることのすべてを喜んで受け入れなさい。

決まりきった日課を偶像化し、自分の生活のまわりに自分で境界をつくって、その内側なら安全だというのはたやすい。

どの日も同じく二十四時間あるが、どの一時間も、状況はみんなそれぞれ違う。

今日という日を、昨日の鋳型《いがた》に無理やり押しこもうとするのはやめなさい。

それよりも、わたしにあなたの目を開くように願いなさい。

人生のこのかけがえのない日に、わたしがあなたのために用意したものを、ひとつ残らず見つけ出すことができるように……。

◆マタイ28・5〜7、IIコリント5・17

2月18日

わたしはあなたとともにいる――この言葉は、あなたが絶望の底に転落するのを防ぐ転落防止網《セイフティネット》のようなものだ。

人間であるあなたは、人生において常に浮き沈みを経験するだろう。

それでも、わたしがともにいるという約束のおかげで、あなたはどこまでも落ちつづけることはない。

あてにしていた人や物事に失望させられたときなど、自分がとめどなく落ちていくように感じることがあるかもしれない。

けれど、**わたしがあなたとともにいる**ことを思いだしたとたん、あなたの物の見方はがらりと変わる。

現状を嘆くかわりに、わたしに目を向け、助けを求めるようになる。

あなたはわたしがともにいるだけではなく、**あなたの右の手を握っている**こと、そしてわたしが**あなたをさとして導き、後《のち》には栄光のうちに受け入れる**ことを思い出す。

今のあなたに必要なのは、まさにこうした観点――わたしの存在を再確認し、天国への輝かしい希望を抱くということなのだ。

◆ゼパニヤ3・17、詩篇73・23～26

2月19日

あなたは今、大小を問わずおびただしい数の問題に押しつぶされそうに感じている。

それらの問題は、あなたの注意をこれでもかこれでもか、と要求してくるが、それに屈してはいけない。

あなたの人生にふりかかる難題に打ちひしがれそうになったら、わたしと有意義な時間を過ごすことで、それから逃れなさい。

あなたに必要なのは、すべての力と栄光のうちに**わたしはある**ということを思い起こすこと。

そのあとで、わたしにあなたの祈りと願いとを謙虚に示しなさい。

わたしの光の中で見るとき、あなたの問題は色を失う。

あなたは、逆境の只中にあっても、**あなたの救いの神であるわたしによって喜ぶ**ことを学ぶ。**あなたの力**であるわたしに頼りなさい。**わたしは、あなたの足を雌鹿のようにし、高地を進むことができるようにする。**

◆出エジプト3・14、ハバクク3・17～19

2月20日

あなたの真のセンターは、わたしの内にある。それによって生きることを学びなさい。

わたしはあなたのもっとも奥深いところに、あなたの魂と永遠に離れることなく住まっている。

わたしの平安がいつまでも存続しているのは、この深みだけ――。

あなたをとりまく世界や出来事、人間関係の中には、とぎれることなく続く平安を見つけることはできない。

外の世界は絶えず変動している――死と衰退の呪いを受けて……。

けれど、あなたの心の底には平安の金鉱があって、掘り出されるのを待っている。

時間をかけて、わたしの豊かな富を掘り出しなさい。

わたしは、あなたがますます真のセンターによって生きることを望んでいる。そこでは、わたしの愛があなたを永遠にとらえて離さない。

わたしはあなたの内にいるキリスト、栄光の希望である。

◆コロサイ3・15、コロサイ1・27

2月21日

信頼と感謝を忘れさえしなければ、今日一日を無事に過ごすことができる。

信頼は、くよくよ悩んだり、心配することから守ってくれる。

感謝は、人のあら探しをしたり、不平不満を言うことから遠ざけてくれる。

信頼と感謝なしでは、あなたはこれらの〝罪の姉妹〟たちの罠にいとも簡単に落ちてしまう。

わたしから目を離さないでいることは、わたしを信頼することにほかならない。

それはあなたの自由意思による選択で、一日に何千回と行わなければならないものだ。

あなたがわたしへの信頼を選ぶ回数が増えれば増えるほど、もっとたやすくできるようになる。

信頼という思考パターンが、あなたの脳に刻みこまれるからだ。

わたしをあなたの思いの中心に据えることができるように、心配ごとはあなたの心の淵に追いやってしまいなさい。

そうすればあなたは、悩みや不安はわたしに託して、わたしにだけ心を集中することができる。

◆コロサイ2・6〜7、詩篇141・8、Iペテロ5・7

2月22日

あなたがわたしを必要としないことは、一瞬たりともない。

常にわたしが必要だと気づいていることは、あなたの最大の力だ。

あなたの窮乏は、うまく扱えばわたしにつなぐ架け橋になる。

ただし、用心しなければならない落とし穴がいくつかある――自己憐憫、自分のことで頭がいっぱい、あきらめて投げ出す……ことだ。

あなたは未熟であるがゆえに、常に選択権を与えられている――わたしに頼りきるか、絶望するか……。

あなたが自分の内に感じているぽっかりと穴のあいたような空《むな》しさは、さまざまな問題で埋めることもできるし、わたしの存在で満たすこともできる。

今、この瞬間にあふれ出る短いシンプルな祈りで**絶えず祈る**ことによって、わたしをあなたの意識の中心に置きなさい。

わたしの名をふんだんに用いて、あなたにはわたしがついていることを思い起こしなさい。

常に願いつづけなさい。そうすれば与えられ、あなたは喜びで満たされる。

◆Ⅰテサロニケ5・17、ヨハネ16・24（AMP）

2月23日

自己憐憫の落とし穴には、よくよく注意しなさい。

具合が悪かったり、疲れきっているときには、この悪魔の罠は、あなたが直面する最大の危険となる。

その穴の淵にすら、近寄ってはならない。淵は崩れやすく、知らないうちに、もう落ちかけているからだ。

穴から抜け出すのは、とてつもなく難しい。常に安全な距離を置いているほうが、はるかにたやすい。

だからこそ、わたしはあなたに気をつけるように言っているのだ。

自己憐憫からあなた自身を守るには、いくつかの方法がある。

わたしへの賛美と感謝で心がいっぱいになっているときに、自分をかわいそうだと思うことはありえない。

また、わたしの近くで生きれば生きるほど、あなたと落とし穴のあいだの距離は広がる。

わたしの顔から目を離さずに、わたしの光の中で生きなさい。

そうすればあなたは、つまずくことも落ちることもなく、**自分に定められている競争を忍耐強く走り抜く**ことができる。

◆詩篇89・15〜16、ヘブル12・1〜2（NASB）

2月24日

わたしがあなたに愛を伝えているとき、わたしの光の中で静かにそれを受けなさい。

天地万物の中で、わたしの愛ほど強力な力はない。

あなたは常に限界を感じている――あなた自身だけではなく、すべての人間の限界を……。

けれども、わたしの愛に限界などない。それはすべての時間と空間、そして永遠にまで満ちあふれている。

あなたは、今は鏡におぼろに映るものを見ている。だがいつの日か、顔と顔とを合わせてわたしを見ることになる。

そうすればあなたは、**あなたへのわたしの愛がどれほど広く長く高く深いかを、**十二分に経験できるようになる。

もしも今それを経験したら、あなたは圧倒され、押しつぶされてしまうように感じるだろう。

けれど、あなたの行く手には永遠が完璧に約束されている。それまでは、わたしと過ごす限りない喜びを味わうことができる。

今は、愛に満ちたわたしという存在を知っているだけで、日々を乗り切っていくには十分なのだ。

◆Ⅰコリント13・12（KJV）、エペソ3・16〜19

2月25日

わたしのもとで心と身体を癒し、今日の日をわたしに託しなさい。

急に解き放たれた競走馬のように、いきなり今日に向かって飛び出さないこと――。きちんと目標をもって、わたしと一緒に歩もう。あなたの進路をわたしが導くままに、一歩ずつ進んでいこう。


道の途中で恵みを受け取るたびに、わたしに感謝しなさい。そうすれば、わたしもあなたも喜びを得られる。

感謝の心は、あなたをマイナス思考から守ってくれる。

感謝の気持ちを抱いていると、わたしが日々あなたに注いでいるあふれんばかりの恵みが見えるようになる。

あなたの祈りと願いが感謝にあふれるとき、それは天国の王座に向かって天翔《あまか》けていく。

どんなことにも感謝しなさい。これこそ、わたしがあなたに望んでいることだから。
◆コロサイ4・2、Ⅰテサロニケ5・18（NASB）

2月26日

わたしはあなたの人生を一歩一歩、導いていく。わたしの手をしっかり握って、わたしにすべてをまかせ、わたしの導くままに今日を歩みなさい。

あなたの将来は不確かで、もろそうで――危なっかしくさえ見える。けれど、それでいい。

隠されている事柄は主のものである。そして先々のことは隠された事柄なのだから……。

将来がどうなるかを解明しようとするとき、あなたは、わたしのものである事柄を手中におさめようとしていることになる。

これは、あらゆる形の思いわずらいがそうであるように、反逆行為――あなたを大切に扱うというわたしの約束を疑うことなのだ。

先々のことで思い悩んでいるのに気がついたら、そのたびに悔い改めてわたしのもとに戻りなさい。わたしが次の一歩を示そう。そのあと、また一歩、また、一歩……。

心をゆるめて、わたしとの旅を楽しみなさい。あなたが歩んでいく道を、わたしが先だって切り開いていくことを確信して……。

◆申命29・29、詩篇32・8

2月27日

わたしから目を離さないでいなさい！

逆境の波があなたに押し寄せ、あなたは何もかも投げ出してしまいたい誘惑にかられている。

あなたをとりまく状況があなたの注意を奪えば奪うほど、あなたはわたしを見失っていく。

それでも**わたしはあなたの右の手を取り、常にあなたのそばにいる**。わたしは、あなたがどんな状況に置かれているか、よくわかっている。

だから、**あなたが耐えられないような試練にあわせるようなことはしない**。

あなたにとってもっとも重大な危険は、明日のことをくよくよ思い悩むことだ。

もしも明日の重荷を今日のうちに背負うとしたら、あなたは荷の重さによろけて、ついには倒れてしまうだろう。

あなたは、今日の境界線の内側で生きるように、自分自身を訓練しなければならない。

わたしがあなたのすぐそばにいて、荷を負うあなたを助けてともに歩んでいるのは、まさに今、この瞬間のことなのだ。

今このときのわたしの存在に、あなたの思いを集中しなさい。

◆詩篇73・23、Ⅰコリント10・13

2月28日

自分で自分を値踏みし、裁《さば》くのはやめなさい。それは、あなたの役目ではないからだ。


とりわけ、他人と自分を比べるのはやめること。そんなことをしても、優越感か劣等感を抱くだけだ。ときには、その両方が混在した気持ちになることもある。

わたしは、わたしのすべての子どもたちを、それぞれぴったりあった道に導いている。比較することは、単に間違っているだけではない。なんの意味もないことだ。


いくら自分を認めてほしいからといっても、あなた自身や他人の評価といった間違ったところに、それを求めてはならない。

真の容認は、ただ、わたしの無条件の愛からしか生まれないからだ。

クリスチャンの中には、わたしのことを、自分たちの欠点や失敗を怒りに満ちて探り出す、決して喜ばすことのできない裁判官だと考えている者がたくさんいる。

これほど真実からかけはなれていることはないのに！


わたしは、あなたの罪を贖《あがな》うために死んだ。**あなたに、わたしの救いの衣《ころも》を着せる**ために……。

わたしの目に映るあなたは、**わたしの正義の礼服をまとって輝いている。**


わたしはあなたを怒りにまかせて懲らしめるわけではない。あなたを嫌悪しているのでもない。

それは永遠に続くわたしとの、顔と顔をあわせるほどの親しい関係にあなたを備えさせるためのものなのだから……。

わたしの愛に身をゆだね、恵みの王座からとめどなくあふれ出るわたしからの容認を受け取りなさい。

◆ルカ6・37、ヨハネ3・16〜17、
イザヤ61・10（NASB）、箴言3・11〜12

2月29日

あなたは確かな道にいる。

わたしにもっと耳を傾け、自分の疑いの気持ちには耳を貸さないようにしなさい。

今、わたしがあなたを導いている道は、まさにあなたのためにわたしが整えたもの……。

だから人間的な見地から言うと、それは孤独の道となる。

けれどわたしは、あなたの先を行くだけではなく、あなたと肩を並べて歩いている。

だから、あなたは決してひとりぼっちではない。


わたしとの道程を完全にわかってくれる人がいる、と期待してはいけない。

あなた以外の人とわたしとの関係を、あなたが理解できないのと同じだ。

わたしは日々、一瞬一瞬、あなたにいのちの道を示しつづけている。

わたしは弟子のペテロに言ったことを、あなたにも繰り返す——**わたしに、従いなさい。**

◆詩篇119・105、ヨハネ21・22

3月

彼は、自分の羊をみな引き出すと、その先頭に立って行きます。すると羊は、彼の声を知っているので、彼について行きます。

（ヨハネの福音書10章4節）

3月1日

あなたが日々の生活で心配なことがあったり、不安な思いにかられたら、わたしのところに来て打ち明けてごらん。

どんなことでも、感謝をこめて祈りと願いをささげ、こう言いなさい――〝イエスさま、ありがとうございます。こんなふうに、あなたにもっと信頼する機会を与えてくださって……〟

わたしがあなたに贈る信頼のレッスンは、困難の包み紙にくるまれてはいるけれど、そこから得られる利益は、あなたが払う代価よりもはるかに大きい。

十分に育まれた信頼は、多くの恵みをもたらす。中でも、わたしの平安は少なからぬ恵みをあなたに与える。

わたしは、あなたの信頼を得られるだけの**完全な平安を保つ**ことを約束してきた。

この世は、平安とはお金や財産や保険や安全《セキュリティ》対策《システム》が備わっていてこそ得られるものだと教え、平安を堕落させてきた。

けれど〝わたしの〟平安は、どんな状況にも左右されずにすべてを包括する贈り物だ。

たとえ、あなたがほかのものをすべて失ったとしても、わたしの平安を得るなら、あなたは豊かそのものなのだよ。

◆ピリピ4・6（NASB）、イザヤ26・3

3月2日

わたしはよみがえりであり、いのちである——
永続する命はすべて、わたしから生じている。

人々は、命を間違った方法で探し求めている——つかのまの快楽を追い求め、富や財産を蓄え、避けられない老化の影響を否定しようとする。

一方わたしは、わたしに顔を向けるすべての人に、惜しみなく豊かないのちを与える。

あなたが**わたしのもとに来て、わたしの軛《くびき》を負う**なら、わたしのいのちであなたを満たす。

このようにしてわたしは、この世に生き、わたしの目的を成就することを選んだのだから……。

また、わたしはこのようにして**言葉では言い尽くせない栄光に満ちた喜び**を、あなたに与える。

喜びはわたしのものであり、栄光もわたしのもの——けれど、あなたがわたしのもとで生き、わたしがあなたの内を満たして生きるように招くなら、それらをあなたに授けよう。

◆ヨハネ11・25、マタイ11・28〜29、Iペテロ1・8〜9（KJV）

3月3日

わたしは、ありのままのあなたを愛している。あなたが何かをするから愛しているのではない。

多くの声があなたの心を支配しようとして争っている。とくに、あなたが黙って座っているときは——。

あなたは、わたしの声とそうでない声とを聞き分けることを、学ばなければならない。

判別力を与えてくれるように、聖霊にお願いしなさい。


わたしの子どもたちの中には、自分の人生を指図するさまざまな声に従おうとして、堂々めぐりをしている人がたくさんいる。

その結果として、フラストレーションに満ちた断片的な生き方しかできなくなる。

あなたは、この罠に陥ることのないように――。


いつもわたしのそばを歩き、わたしの指示に耳を傾け、わたしとの旅を楽しみなさい。

ほかの声に惑わされて、がんじがらめになってしまってはいけないよ。


わたしの羊はわたしの声を知っているので、わたしが導くところにはどこへでもついてくる。

◆エペソ4・1〜6、ヨハネ10・4

3月4日

思い悩むのはやめなさい！

この世には常に、何かしらあなたを悩ませようとするものがある。

それが堕ちて壊れたこの星の本質なのだ。物事は、なるべき形にはならない。

だから、くよくよ悩みたくなる誘惑はいつもあなたから離れず、あなたの心の中に忍びこもうとしている。


最良の防御は、**十分に感謝して、絶えずわたし**

とつながっていること。

わたしの存在を意識していれば、あなたの心は光と平安で満たされ、不安の忍びこむ余地はなくなる。

わたしを意識することであなたは逆境から引き上げられ、わたしの視点で問題を見られるようになる。

わたしのそばで生きること！

ふたり一緒なら、不安の狼の群れを寄せつけずにいられるから……。

◆ルカ12・25～26、Iテサロニケ5・16～18

3月5日

あなたの人生における問題と、友達になりなさい。

筋違いだったり、まとまりがつかないことが多いと感じるかもしれないが、わたしはすべてのものに支配権をもっていることを忘れてはならない。**わたしはすべてのことを働かせて益とすることができる。**ただし、それはあなたがわたしを信じて託しているものに限られている。

どんな問題からも何かしら、学ぶことはある。それによってあなたは、わたしが創造した最高傑作へと少しずつ変えられていく。

もしもあなたが疑いと反抗心を抱いて応じれば、その同じ問題が〝つまずきの石〟となって、あなたは倒れてしまう。

どちらを選ぶかは、あなた次第だ――わたしにゆだねるか、わたしに逆らうか――あなたは日々、何度も選択しなければならない。

あなたの問題と友達になる最良の方法は、そのことでわたしに感謝することだ。

こんな簡単なことであなたの心は、困難から益を生じる可能性に向かって開かれる。

しつこく続く問題にあだ名をつけることすら、可能になる。そうすれば、恐ろしさよりも親しみをもって取り組むことができるだろう。

次のステップは、それらの問題をわたしのもとに持ちこむこと。そうすればわたしは、愛によってそれらを包みこむことができる。

わたしは必ずしもあなたの問題を取り去ることはしないけれど、わたしの豊かな知恵はどんな問題からも益を引き出す。

◆ローマ8・28（AMP）、Ⅰコリント1・23〜24

3月6日

この道を、わたしとともに歩きつづけよう。逆境のときでさえも、わたしとの旅を楽しみつつ……。

わたしはいつもあなたの先に立ち、同時にあなたと肩を並べて歩いている。

ほら、わたしが手を振ってあなたを招いているのが見えるだろう。わたしのもとに来て、わたしについてきなさい！

あなたの前を歩き、道を切り開いていくのは、ずっとあなたのそばにいて、決してあなたの手を離さない、このわたしだ。

わたしは時間や空間の制約に支配されない。

わたしはいつもどんなところにもいて、絶えずあなたのために業《わざ》を行っている。

それだから、あなたが払う最善の努力は、わたしを信じてゆだねること、わたしのそばで生きることなのだ。

◆ヘブル7・25、詩篇37・3〜4

3月7日

わたしが、今日一日をあなたが切り抜けるのを助けてあげよう。

あなたが向き合っている試練はあまりにも大きすぎて、あなたひとりの手には負えない。

あなたは、自分が直面している難題に立ち向かうにはまったく無力であることを、いやというほど感じている。

それに気づいたことで、ふたつの選択が生まれる――頑固にたったひとりでやり抜こうとするか、謙虚な気持ちでわたしにすがって、ともに歩んでいくか……。

実は、この選択は常にあなたの前に置かれているのだが、苦難によって意思決定の過程が強調されるのだ。

だから、**さまざまな試練に出会うたびに、それをこの上ない喜びと思いなさい。**

これは、わたしだけに頼ることをあなたに気づかせるための、わたしからの贈り物なのだから……。

◆詩篇63・7〜8、ヤコブ1・2〜3（AMP）

3月8日

あなたの最大の努力を、わたしの顔を慕い求めるためにとっておきなさい。

わたしは絶えず、あなたに心を通わせている。

わたしを見出し、わたしの声を聞くために、あなたはほかの何よりもわたしを尋ね求めなければならない。

あなたがわたし以上に求めるものがあれば、それはすべて偶像神となる。

自分の思いどおりの道を行くと決めたとき、あなたはわたしを意識から消し去ることになる。

ある目標をがむしゃらに追い求めるかわりに、そのことをわたしに話してごらん。

あなたが求めているものをわたしの光が照らすことによって、あなたはわたしの見方でそれを捕らえられるようになる。

その目標が、あなたのための計画にかなうものであれば、わたしはあなたが到達できるように手を貸そう。

もしもそれがあなたに対するわたしの意思に反するものなら、あなたの心の欲望を少しずつ変えていこう。

何よりもまず、わたしを求めなさい。そうすれば、あなたの人生におけるすべてのものがひとつ、またひとつ、と正しい場所におさまっていく。

◆—歴代16・11、マタイ6・33

3月9日

わたしの輝きの中で憩いなさい。

あなたのまわりの世界は、まるで猛スピードで回転しているように見える。ついには、何もかもがぼやけてしまう。


それでもあなたの生活の中心《センター》には、クッションのように衝撃を和らげる穏やかな場所がある。そこで、あなたはわたしと結びついて生きている。

この癒しのセンターに、できるだけひんぱんに戻りなさい。

なぜなら、これはあなたが活力を得られる——わたしの愛と喜び、平安に満たされる場所だからだ。


この世は窮乏の場所だ。そこに、命を維持するための支援を求めてはならない。

そうではなく、わたしのところに来なさい。

わたしだけを頼りにすることを学べば、あなたの弱さに、わたしの力があふれるばかりに注ぎこむ。


わたしの内にあなたの完全さを見出すとき、あなたは自分の必要を満たすために他人を使ったりしないで、かえって人に手を貸せるようになる。

わたしの光の中で生きなさい。そうすればあなたの光が、ほかの人たちの人生をも明るく輝かせてくれるだろう。

◆ガラテヤ5・22、Ⅰヨハネ4・12

3月10日

あなたはどんなときにも――そして、時を超えて永遠にいたるまで、わたしのものだ。どんな力も、あなたに与えられた永遠のいのちの相続権に、異を唱えることはできない。わたしはあなたに、自分がどれほど完全に守られているかに気づいてほしいのだ！　たとえ、あなたが人生の旅でつまずくことがあっても、わたしは決してあなたの手を離しはしない。

自分の将来が完璧に保証されているのを知ることで、あなたは解き放たれて、今日という日を豊かに生きることができる。わたしは細部にいたるまでこの上ない優しさと配慮をもって、あなたのためにこの日を備えた。自分で埋めなければならない白紙のページのようにこの日に向かうのではなく、わたしの行っていることのすべてに目を配って応じられるように生きなさい。

これは簡単そうに聞こえるかもしれないが、**わたしの道は完全であるということを知った上での深い信頼が必要なのだよ。**

◆詩篇37・23〜24、詩篇18・30

3月11日

目に見えるものではなく、信仰によって歩みなさい。

あなたがわたしを頼り、信仰によって歩むなら、わたしがあなたのためにどれだけのことを行えるか、見せてあげよう。

もしもあなたが安全きわまりない人生を送っていたら、わたしがあなたを通してこの世に働いていることを目にする、心の打ち震えるような感動を、決して知ることはないだろう。

あなたに聖霊を与えたとき、わたしはあなたを強めて、生まれつきの才能や力を超えて生きられるようにした。

だから、あなたの前にある課題に対して自分の力のレベルを測ろうとすることは大きな間違いなのだ。

問題はあなたの力ではなく、わたしの力で、しかもそれには限りがない。

わたしとともに歩んでいくことで、あなたはわたしの力によって、わたしの目的を達成することができるのだから……。

◆Ⅱコリント5・7（NKJV）、ガラテヤ5・25

3月12日

待つこと、信頼すること、そして希望をもつことは、複雑にからみあっている。金の糸を縒《よ》り合せて作った丈夫な鎖のようだ。

中心となる糸は、信頼すること。それが、わたしの子どもたちからの反応として、わたしがもっとも強く求めるものだからだ。

待つことと希望をもつことは、中心の糸を飾り、あなたをわたしにつなぐ鎖を強める働きをする。

わたしから目を離さず、わたしの業《わざ》を待ち望むことは、あなたが心からわたしを信じ頼っていることの証だ。

口では〝あなたを信じてお任せします〟と言っておきながら不安でいっぱいで、物事を自分の思いどおりにしようとしたら、あなたの言葉はむなしく響く。

希望をもつことは未来志向だ。あなたが天国で受け継ぐものとあなたを結びつける。

といっても、希望がもたらす恩恵は、現在でもあなたは十分に受けている。

あなたはわたしのものだから、ただ待つだけで時間をつぶすことはない。

信じて、期待をもって待つことができる。

わたしのほんのかすかな気配すらも感じとれるように、あなたの〝アンテナ〟をいつものばしていなさい。

◆ヨハネ14・1、詩篇27・14、ヘブル6・18〜20

3月13日

まわりの状況に左右されずに生きることを学びなさい。

このためには、わたしに思いを集中する時間を過ごすことが必要だ。**すでにこの世に勝っているわたし**との時間を……。

困難と苦悩の糸は、この破滅に向かう世界という織物に織り上げられている。

あなたの内にあるわたしのいのちだけが、あなたに力を与えることができる。

それによってあなたは、これでもかこれでもかと押し寄せる問題に勇んで立ち向かっていける。


わたしのもとで静かに座っていると、わたしの平安があなたの悩める心に光となって注ぎこむ。

少しずつ、あなたはこの世の束縛から自由になり、現状から引き上げられていく。

あなたは人生をわたしの見方で捉えるようになり、何が重要で、何が重要でないかを見分けることができるようになる。


わたしのもとで心を休ませ、**誰もあなたから奪い去ることのできない喜びを受け取りなさい。**

◆ヨハネ16・33（NKJV）、ヨハネ16・22

3月14日

ためらわずに、わたしから喜びを受け取りなさい。

わたしはあなたに、あふれるほどの喜びを与えるからだ。

あなたがわたしのもとで憩えば憩うほど、わたしの恵みは豊かにあなたの中に流れこむ。

わたしの愛の光の中で、あなたは少しずつ**栄光から栄光へと造りかえられていく。**

わたしと時を過ごすことによってあなたは、**わたしのあなたへの愛が、どれほど広く長く高く深いものであるか**に気づくようになる。

時には、わたしがあなたと育む絆《きずな》があまりにもすばらしすぎて現実とは思えないこともあるかもしれない。

わたしはあなたの内に、わたしのいのちそのものを注ぎこむ。

あなたがしなければならないのは、ただわたしを受け入れることだけだ。


労して手に入れるのが特徴である世界においては、休んでいて受け取りなさい、という勧めは、あまりにも楽すぎるように思えるだろう。

受け取ることと信じることのあいだには、切っても切れない関係がある。

わたしのことを信じて頼れば頼るほど、あなたはわたし自身とわたしの恵みとをふんだんに受け取ることができる。

心を静めて、わたしこそ神であることを知りなさい。

◆IIコリント3・18（NASB）、エペソ3・17〜19、詩篇46・10

3月15日

わたしがいつもあなたに歌っている愛の歌に、耳をすませなさい。

わたしはあなたに大いなる喜びを感じ、高らかに歌って、あなたのことを喜ぶ。

この世の声は、あなたをあちらこちらと引っぱりまわす無秩序で耳障りな騒音だ。

そうした声に耳を貸さずに、わたしのことばで挑戦すること——。

世間から短い休憩を取って、わたしのもとで静まる場所を見つけ、わたしの声に耳を傾けることを学びなさい。

わたしの声を聞くことで見出すことのできる隠れた宝は、膨大なものだ。

わたしはいつもあなたに恵みを注いでいるけれど、最も豊かな恵みの中には、積極的に探さなければならないものもある。

わたしは喜んで、わたし自身をあなたに現す。あなたはわたしを求める心をさらに開いて、わたしが明らかにするものを、もっと受け取ろうとする。

求めなさい。そうすれば与えられる。探しなさい。そうすれば見つかる。門を叩きなさい。そうすれば開かれる。

◆ゼパニヤ3・17、マタイ7・7

3月16日

あなたが自分の弱さを認めるのはいいことだ。そうすることで、あなたの力であるわたしから目を離さなくなるからだ。

豊かな人生は、必ずしも健康と富によるのではない。常にわたしを頼みとして生きることなのだ。

今日という日を、自分の予定にはめこもうとするかわりに、肩の力を抜いてわたしのしていることに目を向けなさい。

こうした心の持ち方によって、あなたはゆったりとわたしを楽しみ、わたしがあなたのために計画したことに気づくようになる。

このほうが、あなた自身の計画どおりに物事を進めようとするよりも、はるかにいい。

あまり深刻になりすぎないで、気持ちを明るくもって、わたしと一緒に笑おう。

あなたの隣にはわたしがいる。それなのに、何を悩むことがあるのか。

わたしは、あなたがなんでもできるように備えさせることができる。それがわたしの意図するものであるかぎり……。

あなたの一日が困難なものであればあるほど、わたしはあなたをもっともっと助けたくなる。

不安は、あなたを自分の中に閉じこもらせ、自分だけの思い悩みから抜け出られなくさせる。

わたしに目を向け、わたしの名前をささやくとき、あなたは解き放たれ、わたしの助けを得る。

わたしに、あなたの心を向けなさい。そうすればあなたは、わたしのもとで平安を得るだろう。

◆ピリピ4・13（AMP）、箴言17・22

3月17日

自分のことをわかってほしければ、わたしのところに来なさい。

わたしはあなたを、あなた自身よりもはるかによく知っているのだから……。

わたしは、あなたがいかに複雑であっても、すべてを理解している。

あなたの人生におけるどんなささいなことも、わたしには隠されてはいない。

わたしはあなたを慈愛に満ちたまなざしで見ている。だから、わたしがあなたの内面に精通しているからといって、怖がらなくてもいい。

わたしの癒しの光に心の奥底まで照らされ、清められ、癒され、活力を与えられ、新しくされなさい。

わたしをよくよく信頼して、わたしが常に差し出している完全な赦しを受け取りなさい。わたしのいのちで贖った、このすばらしい贈り物は永遠にあなたのものだ。

赦しは、永遠に変わらぬわたしの核心をなすもの――**わたしは決してあなたを見放すことも、見捨てることもない。**

誰も自分のことをわかってくれないように感じたら、もっとわたしの近くに来てごらん。

あなたのことを何もかも理解し、完璧に愛している者のいることを喜びなさい。

あなたはわたしの愛に満たされ、愛をたたえた湖となり、あふれ出たあなたの愛は、ほかの人々の人生に流れこむようになる。

◆詩篇139・1〜4、IIコリント1・21〜22、ヨシュア1・5

3月18日

一日一日、わたしを信じて頼りなさい。そうすることで、あなたは常にわたしの近くにいて、わたしの意思に応えることができる。

信頼は、ひとりでに生まれる反応ではない。とりわけ、深く傷ついてしまった人にとっては……。

あなたの内にいる聖霊は常住の個人教師であり、この超自然的な力であなたを助けてくださる。

聖霊の励ましに敏感に応えて、優しく触れる手に自分をゆだねなさい。

どんな状況に陥っても、わたしを信頼する強い意思をもちなさい。

なぜこうなったのか知りたいとこだわって、わたしの存在から心をそらされないこと——。

わたしに深く頼って生きるなら、わたしはあなたがこの日の闘いに勝利をおさめられるように備えをさせよう。

明日のことは、明日自らが思い悩む。だから、明日の思い悩みの罠にからめとられないようにしなさい。

一日ずつ、わたしを信じて……。

◆詩篇84・12、マタイ6・34

3月19日

わたしは、あなたの奥底からあなたに語りかける。

あなたに慰めを与える平安のことば——あなたを力づけるわたしの愛のことばを聞きなさい。

あなたを責める言葉には、耳を貸さなくていい。

それは、わたしからのものではないからだ。

わたしは愛に満ちた声であなたに語り、あなたの気持ちを高揚させる。

聖霊は公正に罪を悟らせる。激しい言葉で参らせたりはしない。

聖霊にあなたの心の監督をお願いし、嘘偽《うそいつわ》りのもつれを解きほぐしていただきなさい。わたしがあなたの内に生きているという事実によって、あなたは生まれかわる。

わたしの光はあなたを照らし、平安の恵みをもたらす。

わたしの光があなたの内でも輝くようにしなさい。心配や不安で、光を曇らせないように――。

聖いままでいれば、わたしはあなたを通して生きつづける。

わたしがあなたの内にいるかぎり、聖さを保つ備えは万全だ。

人に返答する、あるいは状況に対応するときは、すぐにそうしないで少し間を置き、聖霊があなたを通して働けるようにしなさい。

あせって言葉を発したり、あわてて行動したりすると、わたしの働く余地がなくなってしまう。これは神を無にする生き方だ。

わたしは、いついかなる瞬間もあなたの内にいたいと願っている。あなたの思いを、あなたの言葉を、あなたの行動を聖めるために……。

◆ローマ8・1～2、コロサイ1・27、Iコリント6・19

3月20日

聖霊という輝かしい贈り物を与えられていることを、わたしに感謝しなさい。

これは、井戸のポンプに呼び水を差すようなものだ。

そのときどきの自分がどんな気持ちでいようとも、わたしに感謝のささげ物をすれば、聖霊はあなたの内でもっと自由に働くことができる。

　こうすることでさらに感謝と自由が生まれ、あなたは感謝の思いでいっぱいになる。


　わたしの恵みは日々あなたに降り注いでいるのに、あなたは気がつかないことがある。

　心がマイナス思考に凝り固まっているとき、あなたはわたしのことも、わたしの贈り物も見ていない。

　あなたの心を占めているものが何であっても、信仰によってわたしに感謝しなさい。

　こうすることで邪魔していたものが取り除かれ、あなたはわたしを見出すことができる。

◆IIコリント5・5、IIコリント3・17、詩篇50・14

3月21日

わたしを信頼し、恐れを捨てなさい。わたしこそ、あなたの力、あなたの歌だからだ。

　わたしを自分の力とするのはどんなことなのか、考えてみよう。


　わたしはことばで命じて天地を創造した。わたしの力は完全に無限だ！

　わたしにささげられた人間の弱さは磁石のように、わたしの力をあなたの必要に引き寄せる。

　それでも不安が、わたしの力があなたに流れこむのを妨げることがある。

　自分の不安と闘おうとするかわりに、わたしを信頼することに集中しなさい。

あなたがわたしを固く信じ、わたしにつながろうとするとき、わたしは限りなくあなたを強めることができる。

わたしがあなたの歌であることも、心に留めていなさい。

わたしはあなたと喜びをわかちあいたい。わたしの存在を意識して生活してほしい。

天国へ向かってともに旅することを、喜び楽しもう。わたしの歌を、ともに歌おう。

◆イザヤ12・2～3、詩篇21・6

3月22日

喜び、感謝しなさい！

この日をわたしとともに歩みながら、道中ずっとわたしを信頼し、感謝しなさい。

信頼は、わたしの平安があなたの中に流れこむ水路……。

感謝は、あなたを今の状況から引き上げてくれる。

わたしは、感謝と信頼の心をもった人に対しては最高の働きができる。

あれこれ策を練ったり、値踏みしたりしないで、常にわたしを信頼し、感謝することを実践しなさい。

これは、あなたの生活を根本的に変える理想的な変革なのだ。

◆ピリピ4・4、詩篇95・1～2、詩篇9・10

3月23日

わたしはどんな小さなこともゆるがせにしないで、あふれるばかりの豊かな恵みを与える神である。

あなたが自分の人生のすみずみまでわたしにゆだねるとき、わたしがあなたの願いにどれほど完璧に応えるかに驚くだろう。

あなたの祈りを聞くのは楽しみだ。だから気を楽にして、願い求めることをすべて、わたしのもとに携えてきなさい。

祈れば祈るほど、あなたは答えを得ることができる。

中でもすばらしいのは、わたしがあなたの具体的な願いどおりに応じるのを目にして、あなたの信仰が強められることだ。

わたしの手段は無限なので、資源が尽きてしまうのではないかと心配する必要はない。

豊かさは、わたしの存在の核心なのだから……。

さあ、期待に胸をふくらませてわたしのところに来て、必要なものをすべて受け取りなさい――時には、さらにそれ以上のものを！

愛する子どもたちに恵みをふり注ぐのが、わたしの喜びだ。

心を開いて両手を広げ、わたしのもとに来なさい。あなたのためにわたしが用意したすべてのものを受け取れるように……。

◆詩篇36・7〜9、詩篇132・15、ヨハネ6・12〜13

3月24日

今は、あなたの人生において手放すことを学ぶべきときだ——愛する人々を、持ち物や財産を、物事を管理することを……。

あなたにとってかけがえのないものを手放すためには、わたしのもとで——あなたが完全でいられる場所で、心を休める必要がある。

ゆっくり時間をかけて、わたしの愛の光を浴びなさい。

心がほぐれるにつれて、ぎゅっとつかんだあなたの手もしだいに開いてきて、あなたの大切なものをわたしに託せるようになる。

激変の最中《さなか》にあっても、わたしの存在を常に意識することで、あなたは心をしっかりと保っていられる。

決してあなたを見捨てない者は、決して変わらない者でもある。**わたしは、きのうも今日も、そして永遠に変わることのない神である。**

あなたがさらに多くのものを手放してわたしに託すとき、忘れてはならないことがある。わたしは決してあなたの手を離しはしない、ということだ。

ここに、あなたの安心と安全は確保されている。それは、どんな状況もどんな人間も、あなたから奪うことのできないものだ。

◆詩篇89・15、ヘブル13・8、イザヤ41・13

3月25日

感謝することで、あなたのすべての思いを穏やかなものにしなさい。

感謝の気持ちがあれば、あなたは常にわたしから離れずにいられる。

わたしの子どもたちが、わたしが至高の存在であることを軽んじて不平ばかり言うことを、わたしは嫌う。

感謝は、このゆゆしき罪からあなたを守る防護手段だ。

それだけでなく、感謝の姿勢はあなたが人生を知るための基準となる。

感謝の気持ちがあれば、あなたはどんな状況に置かれても、わたしの光に照らされていることが見えるようになる。

感謝の心を育みなさい。それはわたしの栄光をたたえ、あなたを喜びで満たすからだ。

◆Iコリント10・10、ヘブル12・28〜29

3月26日

わたしを待ち望むということは、わたしが何をするか期待に胸をふくらませて、わたしに注意を向けることだ。

そのためには、自分で物事を判断しようとするのではなく、全身全霊でわたしを信頼することが必要となる。

わたしはあなたを、どの日もどの日も一日じゅう、わたしを待ち望んで生きるように造り上げた。あなたがその日の務めを行いながら、ずっとわたしのことを想うように創造したのだ。

わたしを待ち望む者には多くの幸いを与えると、わたしは約束した——それは、新たな力、環境に左右されずに生きること、希望の復活、そして、わたしが常にともにいるのに気づくことだ。

わたしを待ち望むことで、あなたは深くわたしに寄り頼み、いつでもわたしの意思を行えるような生き方をして、わたしの栄光をたたえることができる。

また、わたしとともに楽しむ助けにもなる。**わたしのいるところは喜びで満ちている。**

◆哀歌3・24～26、イザヤ40・31、詩篇16・11（NKJV）

3月27日

わたしのところに来て、心を落ちつけなさい。たとえ、片づけなければならない用事が山のようにあって、気になって仕方がなくても……。わたしと一緒に時間を過ごすことよりも、重要なことはない。

あなたがわたしのもとで待ち望むとき、わたしはあなたの内で最高の業《わざ》を行う。**心を新たにすることであなたを変える**のだ。

もしもわたしと過ごすこうした時間を惜しむと、あなたは、わたしがあなたのために計画した豊かな恵みを逃して、間違った行為にまっさかさまに落ちこんでしまうかもしれない。

わたしを求めるとき、何を与えてもらえるのかということを第一の目的としてはいけない。

与え手であるわたしは、わたしが与えるどんな贈り物よりもはるかに偉大なのだから――。

わたしの子どもたちに恵みを与えるのはわたしにとって大きな喜びだが、彼らの心の中でわたしの恵みが偶像化してしまうときは、ひどく悲しい。

あなたの**初めの愛**であるわたしからあなたを引き離すものは、どんなものでも偶像になりうる。

あなたの心がもっとも求めているものがわたしであるなら、偶像崇拝に陥る心配はない。

わたしのもとで待ち望みながら、最高の贈り物を楽しみなさい。**あなたの内にいるキリスト、栄光の希望を！**

◆ローマ12・2、黙示録2・4、コロサイ1・27

3月28日

わたしは、与えて与えて、与える神だ。

あなたのために十字架にかかって死んだとき、わたしは何ひとつ惜しまなかった。わたしは自分のいのちを、あたかも**注ぎの供え物**のように注ぎ出した。

与えることはわたしの本質だから、わたしは十分に受け入れられる人を探している。

あなたがわたしとさらに親しくなるためにもっとも必要な特性は、ふたつある――受容性と、注意深さだ。

受容性は、わたしの豊かな恵みで満たせるように、あなたの心の奥底を開いてくれる。注意深さは、どんなときにもわたしを探せるように、あなたの視線をわたしに向けてくれる。**あなたの心をずっとわたしに向けている**ことは可能だと、預言者イザヤは書いている。

そうした注意深さによってあなたは、わたしの全き平安という栄光の贈り物を受け取るのだ。

◆ピリピ2・17、マルコ10・15、イザヤ26・3（NKJV）

3月29日

まだ時が来ていないのに、問題を解決しようとしないように——。

一日ずつ生きるという制約を受け入れなさい。

何かあなたの注意をひくことがあったら、それが今日の予定の一部なのかどうかをわたしに尋ねること——。

もし予定に入ってなかったら、わたしに任せて今日の分の仕事を続けなさい。

これを習慣にして続ければ、あなたの人生は実にすっきりする。**何事にも時があり、この世の出来事にはすべて定められた時がある。**

わたしのそばで過ごす人生は、混乱することも秩序がなくなることもない。

あなたがわたしに思いを集中すれば、かつてあなたを悩ませた多くの問題は、あなたへの支配力を失う。

たとえ、あなたをとりまく世界が無秩序で混乱しきっていても、**わたしはすでに世に勝っている**ことを思い起こしなさい。**これらのことを話したのは、あなたがわたしによって平安を得るためである。**

◆伝道者3・1、ヨハネ16・33

3月30日

わたしは常にあなたのことを心にかけ、大切に扱っている。

どんなときにも、どんな場合でも、**心を尽くしてわたしを信頼しなさい。**

疲れ果てて、何もかもうまくいかないように見えるとき、それでもあなたはこの言葉を口にすることができる。〝イエスさま、あなたを信じます〟と……。

そうすることによって、あなたは物事をわたしの支配に託し、**わたしの永遠の腕**の守りを信じて全身全霊をゆだねる。

朝、あなたがベッドから起き上がる前に、わたしはあなたの一日の出来事の手筈《てはず》をすでにすませている。

日々あなたには、わたしのやり方を知る多くの機会が用意され、ますますわたしと親しくなっていく。

真実を見る目をあなたがもつとき、わたしの存在を表すさまざまなしるしが、どんなに曇った日をも輝かす。

隠された宝を探すように、わたしを探し求めなさい。**あなたはわたしを見出すだろう。**

◆箴言3・5、申命33・27、エレミヤ29・13〜14

3月31日

わたしの恵み深さを味わい、これを見つめよ。

わたしを親しく知れば知るほど、あなたはわたしが恵み深いことを確信する。

わたしは**あなたを見ている生ける神**であり、あなたの人生に関与することを強く願っている。

わたしは、あなたがどんなときにもわたしを見出し、わたしの愛を通すパイプとなるように訓練している。

わたしの恵みは、時には不可解な形で——痛みや苦しみを通して——あなたに届くことがある。

そんなとき、あなたがわたしの恵み深さを知ることができるのは、ただわたしへの信頼を通してだけだ。

理解することはできなくても、信頼はあなたをわたしのそばから離さない。

わたしが平安という贈り物を与えることを、感謝しなさい。その、深さも広さもとうてい測ることのできない途方もない大きさの贈り物を……。

わたしが復活後に初めて弟子たちの前に現れたとき、何よりも先に伝えたのは平安だった。

彼らにいちばん必要なのは、彼らの恐れを静め、心を晴らすことだと知っていたからだ。

わたしはあなたにも平安を伝える。あなたの不安な思いを知っているからだ。

わたしに耳を傾けなさい！

ほかの声に耳を貸さずに。そうすれば、わたしの声がもっとはっきり聞こえるから……。

わたしはあなたを、来る日も来る日も一日じゅう、平安の内にとどまるように造り上げた。

わたしのそばに来て、わたしの平安を受け取りなさい。

◆詩篇34・8、創世16・13〜14（AMP）、ヨハネ20・19、コロサイ3・15

4月

あなたの行く所どこにおいても、主を認めよ。
そうすれば、主はあなたの道をまっすぐにされる。
（箴言3章6節）

4月1日

わたしがあなたを招いているのは、わたしとの心のふれあいを欠かさない生活だ。

基礎的な訓練の中には、人生の混乱した局面で生活していても、環境に左右されずに生きるのを学ぶことも含まれている。

あなたは、単純化したライフスタイルに憧れている。そうすれば、邪魔が入らずにわたしと心を通わせあうことができるからだ。

けれど、わたしはあなたにあえて言う——混乱のない世界などという幻想は捨てよ、と……。

一日一日を訪れるままに受け入れ、その只中にわたしを見出しなさい。

あなたの一日のあらゆる面について、あなたの気持ちも含めてわたしに話してごらん。

あなたの最終的な目標は、まわりのすべてを自分の思いどおりにしたり、正したりすることではない。わたしとのつながりを保つことなのだ。

ずっとわたしに接していた日は、その日の終わりに、「今日はいい日だった」と言うことができる。たとえ、やり残したことがたくさんあったとしても……。

あなたの〝チェックリスト（やらなくてはいけないことをメモに記したものであろうと、心の中の覚え書きであろうと）〟を自分の人生を支配する偶像神にしてはならない。

それよりも、一瞬一瞬を聖霊に導いていただくように願いなさい。そうすれば、ずっとわたしのそばにいられるからだ。

◆Ⅰテサロニケ5・17、箴言3・6

4月2日

わたしは、わたしの栄光の富に応じて、あなたに必要なものをすべて満たすと約束した。

あなたがもっとも深く、もっともひんぱんに必要としているのは、わたしの平安だ。

わたしは、あなたの心の庭に――わたしはそこにいる――平安の種を植えた。

けれども、そこには雑草も育っている――高慢、思いわずらい、自己中心、不信……。

わたしはあなたの心の庭師だ。それらの雑草をあなたの心から取り除こうと労している。

わたしはさまざまな業《わざ》を行っている。

わたしは、あなたが静かにそばに座っているとき、直接あなたの心の中に、わたしの輝く光を注ぎこむ。

この聖なる光を浴びて、平安は豊かに育ち、雑草はしおれて枯れる。

わたしはまた、試練をもあなたの人生に与える。苦難の最中《さなか》であなたがわたしに信頼するとき、平安はみごとに花開き、雑草は枯れ果てる。

困難な状況についても、わたしに感謝しなさい。そこからもたらされる平安は、あなたが耐える試練に**はるかにまさる**ものだからだ。

◆ピリピ4・19、IIコリント4・17

4月3日

わたしの中に、あなたはすべてを持っている。

わたしの中で、あなたは完全だ。

わたしがあなたの心からゴミやがらくたを取り除くことで、あなたがわたしを感じる能力は増していく。


わたしに対する熱い思いが増すにつれて、ほかの願望はしだいに減っていく。

わたしは無限であり、あなたはいつでもわたしのもとに来ることができる。

だから、ほかの何よりもわたしを願い求めることが、生きていくのに最高の道なのだ。


あなたが必要とするもので、わたしがかなえられないものはない。

なんといっても、わたしは、あなたと存在するすべてのものを造りあげたのだから――。

この世界は、今でもわたしの指示とおりに動いている。そうは見えないこともしばしばあるが……。

外見にだまされないようにしなさい。**見えるものははかなく過ぎ去るが、見えないものは永遠に存続するからだ。**

◆エペソ3・20、IIコリント4・18（AMP）

4月4日

わたしは、あなたの魂の静まったところであなたと出会う。

その場所でわたしは、あなたとの親しいふれあいを求めている。


わたしに対して心を開いている人は、わたしにとってかけがえのない存在だ。

わたしは**あまねく全地を見渡し**、わたしを求める心の持ち主を探している。

あなたがわたしを見つけようとしているのが、わたしには見える。うれしいことに、あなたとわたしのお互いへの探求は実現する。


魂の静けさは、スピード優先と騒音中毒のこの世界においては、ますます稀なものになっている。

うれしいのは、あなたが、わたしと会える静かなスペースを作り出したいと願っていることだ。

この目標を達成するのが難しいからといって、がっかりすることはない。

わたしはあなたの努力をすべて目に留めている。

あなたがわたしの顔を探し求めようとするたびに喜んでいるのだから……。

◆ゼカリヤ2・13、Ⅱ歴代16・9（NKJV）、詩篇23・2〜3（NKJV）

4月5日

わたしの愛と喜び、平安に満たされなさい。

これらは、わたしという生きる神からあふれ出る栄光の贈り物だ。

あなたは**土の器**ではあるけれど、中身は天からのもので満たされるように図って造ったのだ。

あなたの弱さは、聖霊に満たされる妨げとはならない。それどころか、わたしの力があなたをさらに明るく照らし出す機会を与えてくれる。

今日という日を過ごすにあたって、あなたがそのつど必要としている力をわたしが与えることを信じてゆだねなさい。

自分が今日の旅にふさわしいかどうか不安に思ってエネルギーを浪費しないこと——。

あなたの内にいる聖霊が、この日に何が起ころうとすべて十二分に対処してくださるからだ。

それがあなたの信頼の礎となる！　**心安らかに**（わたしとふたりだけで時を過ごすこと）**信頼すれば**（わたしの豊かさに頼ること）、**あなたは力を得る。**

◆Ⅱコリント4・7（NASB）、イザヤ30・15

4月6日

わたしに感謝のささげ物をしなさい。

何ひとつ、当然のこととして受け取ってはいけない。太陽が昇ることすらも……。

エデンの園でサタンがエバを誘惑するまえは、感謝することは、息をするように自然なことだった。

サタンはエバをそそのかし、彼女がただひとつ禁じられていたものに関心を向けさせた。

エデンの園には、いかにも美味しそうで食べたくなるような果実があふれるほどあった。

なのにエバは、いくらでも手に入れられるたくさんの良いものに感謝しなかった。

それどころか、彼女の関心は取ってはいけないその果実ひとつに集中した。

こうしたネガティブな関心はエバの心を曇らせ、彼女は誘惑に負けてしまった。


あなたの関心が、自分のもっていないものや不快に感じる状況に向かうと、あなたの心もエバのように暗くなる。

あなたは、人生を、救いを、陽光を花々を、そしてこのほかにもわたしからの数えきれない贈り物を、ごく当たり前のように受け取っている。

あなたは問題が〝解決する〟まで、何が間違っているか探しつづけ、人生を楽しむことを拒む。


あなたが感謝をもってわたしに近づくにつれ、わたしの光はあなたの中に注ぎこんで、あなたをすっかり変える。

感謝の習慣を守ることで、わたしとともに光の中を歩みなさい。

◆詩篇116・17（NKJV）、創世3・2〜6、
　ーヨハネ1・7

4月7日

わたしは陶工で、あなたは粘土だ。わたしは天地創造より前に、あなたを造る計画を練った。

わたしはあなたを、このあらかじめ考えていた形に造り上げるために、日々の出来事を取り決めている。


わたしの永遠の愛は、あなたの人生のどんな出来事にも働いている。

日によっては、あなたとわたしの意思がすんなりと一致することがある。

わたしたちの心がうまく調和しているときは、あなたは人生を意のままに動かしている気分になりやすい。


時には、まるで急流をさかのぼって——わたしの目的という流れにさからって——泳いでいるような気がする日もあるだろう……。

そんなときはもがくのをやめて、わたしの顔を探し求めなさい。

あなたの泳ぎを阻んでいるものはわたしから来ているのかもしれないし、あるいは邪悪なものから来ているのかもしれない。


あなたが今、経験していることをわたしに話してごらん。

聖霊に、油断のならない流れの中を泳ぎきれるように導いていただきなさい。

わたしとともに逆巻く急流を乗り越えていくうちに、あなたはわたしがこうなってほしいと望むものに変えられていく。

今日という日を過ごすにあたって、あなたの陶工に、「はい、主よ」と答えなさい。

◆イザヤ64・8、詩篇27・8

4月8日

わたしはあなたとともに、あなたのためにいる。

あなたの常に変わらぬ道連れであり、扶養者である。

問題は、あなたがわたしのために、わたしのそばにいるのか、ということだ。

わたしは決してあなたを見捨てることはないが、あなたはわたしを無視することで、実質的にわたしを〝見捨てる〟ことができる。それは、まるでわたしがそばにいないかのように思ったり、ふるまったりすることだ。

あなたがわたしとの関係に距離を感じるとき、あなたは問題がどこにあるかわかっている。

わたしのあなたへの愛はずっと変わらない。**わたしはきのうも今日も、永遠に変わることがない。**

砂漠の移動する砂のように、状況にあちらこちらと振り回されて変わってしまうのは、あなたなのだ。

わたしから遠ざかっていると感じたら、わたしの名前をささやきなさい。

子どものような信仰によるこの単純な行為が、あなたの心をわたしに開いてくれる。

愛をこめた口調でわたしに語りかけ、十字架から尽きることなく流れ出るわたしの愛を受け取る備えをしなさい。

あなたがわたしの愛に自分自身を開くことが、わたしの喜びなのだよ。

◆創世28・15、ローマ8・31、ヘブル13・8

4月9日

あなたは、いついかなるときもわたしのものだ。**どんなものも、わたしの愛からあなたを引き離すことはできない。**

わたしはまさに、このいのちをあなたに与えた。だから、わたしがあなたのことを大切に扱うことをも確信して、安心しなさい。

あなたの心が焦点を失い、思いがとりとめもなくあふれ出してくると、あなたは不安になって、自分はひとりぼっちだと思いがちだ。

あなたは問題を解決することに主眼を置くようになる。

あなたの気持ちをしっかり戻すためには、ただわたしの方を向いて、あなた自身とあなたの問題とをわたしのもとに携えてくればいい。

わたしの愛の光を浴びたとたん、多くの問題は消えてなくなる。自分は決してひとりではない、とあなたが気づくからだ。

まだ残る問題はあるかもしれないが、わたしを知って、望むままに与えられるわたしとの関係を楽しむことに比べれば、さほど重要ではなくなる。

一瞬一瞬、あなたは選び取ることができる。わたしの存在に焦点をおくか、心に問題を抱えたままでいるか、を……。

◆ローマ8・38〜39、出エジプト33・14

4月10日

あなたの人生のすみずみにいたるまで、わたしを信頼しなさい。

わたしの王国には、なりゆきまかせのものはひとつもない。**わたしを愛する人々にとって、起こることすべてが益となるように定められているか**

らだ。

その複雑な計画を分析しようとするよりも、常にわたしを信頼し、感謝することにエネルギーを注ぎなさい。

わたしから離れずに歩んでいれば、無駄になるものはひとつもない。

あなたのあやまちや罪でさえも、わたしの恵みによって造りかえて、良いものへと再生することができる。

あなたがまだ闇の中で生きていたときに、わたしは、あなたの罪に汚れた人生をわたしの光で照らしはじめた。

ついには**あなたを泥沼から引き上げ、驚くべき光の中へと招き入れた。**

わたしを、あなたの人生のすべての面において信頼しなさい。わたしのいのちそのものを、あなたのためにささげたのだから……。

◆エレミヤ17・7、ローマ8・28（AMP）、詩篇40・2、Iペテロ2・9（NKJV）

4月11日

今日こそ、わたしが設《もう》けた日。この日を楽しみ喜ぼう。

まず、信仰の手を大きく広げることから今日を始めよう。あなたの人生のこの短いひとときにわたしが注ぎこむものを、すべて受け取れるように。

どんなことにも不平を言わないように――たとえ、お天気についても――気をつけなさい。

あなたが置かれている状況を生み出したのは、わたしだからだ。

望んでいない事態に対処する最善の方法は、そのことをわたしに感謝すること。

この信仰の行為によって、あなたは憤りから解放され、わたしは存分に解決策を働かせることができる。現状から良いものを引き出すために――。

今日という日に喜びを見出すには、あなたはこの日の境界内で生きなければならない。

時を二十四に区分したとき、わたしは自分のしていることを十分に心得ていた。

人間のもろさはよく承知していたし、あなたが一度に一日分の重さしか担えないこともわかっていた。

明日のことを思い悩んだり、過去にとらわれてはならない。

今日、わたしのもとに豊かな人生があるのだから……。

◆詩篇118・24、ピリピ3・13～14

4月12日

わたしへの信頼は、一瞬一瞬、選びとらなければならない。

わたしを信じる人々は、必ずしもこの真理を理解していたわけではなかった。

荒野でわたしが奇跡を行ったあと、わたしの選ばれた民は熱烈にわたしを信頼した――が、それはほんのつかのまのこと。

すぐに不平不満を言い出し、わたしの忍耐は極限までためされた。

あなたにもよく同じことがありはしないだろうか。

順調にいっているときは、わたしのことを信頼する。あなたのためにわたしが労しているのが、目に見えるときだ。

このタイプの信頼はすぐにあなたの内から湧き出てきて、意志の力を働かせる必要はまったくない。

物事がうまくいかないときは、信頼の流れは弱まり、凍ってしまう。

あなたは、どちらかを選択することを強いられる。

意図的にわたしを信頼するか、それとも反抗する――つまり、あなたに対するわたしのやり方に腹をたてるか、だ。

この選択は、道の分岐点となる。

いのちの道にわたしと一緒にとどまって、わたしとの旅を楽しもう。

どんな状況においても、わたしを信頼することを選びなさい。

◆出エジプト15・22～25、詩篇31・14

4月13日

わたしからの導きがとくに何もない場合は、現状にとどまっていること――。

いつもわたしがついていることを意識しながら、日々の務めを果たすことに集中しなさい。

あなたが何をするにもわたしのために行うなら、

わたしの喜びの光があなたを照らすだろう。

こうしてあなたは、自分の人生のあらゆる面にわたしを招き入れる。

すべてのことをわたしと共同で行うことによって、あなたはわたしのいのちを自分の命と融合させる。

このことは喜びに満ちた生き方だけでなく、勝利をおさめる生き方をおくるための秘訣なのだ。

わたしは、いつもわたしを頼るようにあなたを造り上げた。**わたしを離れては、あなたは何もできないことを知っているから……。**

特別なことは何も起こらないように見える静かな日々には、そのことを感謝しなさい。

活動不足で退屈になるくらいなら、決まりきった日課に費やす時間を使って、わたしの顔を求めなさい。

これを実行してもまわりの人の目には留まらないが、霊的な領域では重要な意味がある。

さらには、わたしを信頼してともに歩みながらその日の仕事を行うとき、あなたは豊かな恵みを受けるだろう。

◆コロサイ3・23、ヨハネ15・5、詩篇105・4

4月14日

天国は現在でもあり、未来でもある。

あなたが人生の道を、わたしの手を握って歩んでいるなら、あなたはもうすでに天国の真髄（わたしの近くにいる）にふれている。

このほかにも、あなたは道の途中で多くの天国のしるしを見出す。この地上は、わたしの光で生き生きと輝いているからだ。

きらめく陽光があなたの心を目覚めさせ、わたしのまばゆい光を、そっとあなたに思い出させる。小鳥と花、木々や空が、わたしの聖なる名前への賛美を呼びさます。

目も耳もしっかりと開いて、わたしとの旅を続けよう。


あなたの人生の道の最後に、天国の入口がある。その目的地にあなたがいつ着くか、わたししか知らない。

けれどわたしは、あなたの歩む一足ごとに、あなたにその備えをさせている。

自分には天の家が用意されているという絶対的な確信は、あなたに平安と喜びを与え、旅を続ける助けとなる。

あなたは、自分がわたしの完璧なタイミングで天の家に着くことを知っている。一瞬たりとも、早すぎたり遅すぎたりすることはない。

天国の希望に励まされながら、人生の道をわたしとともに歩んでいこう。

◆Iコリント15・20～23、ヘブル6・19

4月15日

わたしを信頼して、恐れを捨てなさい。


今のあなたには、自分の手に負えない気がすることがたくさんある。日常の仕事も順調に進んでいない。

あなたは、自分の人生の先が読めればもっと安心できるのにと思ってしまう。

わたしに、あなたを導くように求めなさい。あなたよりも高くそびえ、あなたの苦境の及ばない岩山の上に……。

わたしの翼の陰に、身を避けなさい。そこでなら、あなたは絶対に安全だから――。

あなたの快適な日常から振り落とされそうになったら、わたしの手をしっかり握って、成長の機会を探し求めなさい。

快適さを失ったことを嘆くかわりに、何か新しい挑戦を受け入れること――。

わたしはあなたを栄光から栄光へと導き、わたしの王国にふさわしいように、あなたを造りかえていく。

わたしがどんなふうにあなたの人生に働きかけているか、そのことを〝はい!〟と受け入れて、わたしを信頼し、恐れを捨てなさい。

◆イザヤ12・2、詩篇61・2～4、Ⅱコリント3・18 (NKJV)

4月16日

わたしはあなたを、感謝に満ちた人生に招いている。

あなたの時間がすべて、感謝の句読点で区切られることをわたしは望んでいる。

あなたの感謝の基盤は、わたしが至高の存在であることだ。

わたしは天地万物の創造主であり、支配者である。

わたしの栄光は、天と地に満ちている。

非難めいたことや不平不満を言うときのあなたは、まるでわたしよりもうまくこの世界を動かせると思っているかのようだ。

あなたの限りある人間的な目には、わたしが物事をしっかり管理していないように見えるかもしれない。

それでもあなたは、わたしの知っていることを知らない。わたしの見ているものを、見ていない。

もしもわたしが幕を開けて、あなたが天国を目にすることを許したら、あなたはもっと多くのことを理解するだろう。

けれどわたしは、あなたを**目に見えるものによらず、信仰によって生きる**ように造ったのだ。

わたしはあなたが将来のことを知ったり、霊的な世界を見たりすることを、愛の盾で遮《さえぎ》っている。**あらゆる状況において感謝すること**で、わたしが主権者であることを認めなさい。

◆イザヤ6・3、Ⅱコリント5・7、
Ⅰテサロニケ5・18

4月17日

わたしはあなたを、着実に訓練している。

あまりにもいろいろなことがありすぎると、あなたがわたしを意識することがとぎれがちになってしまう。

わたしは、あなたが視覚と聴覚優先の世界に生きていることはよく承知している。

けれどあなたは、そうした刺激の奴隷となってはならない。

わたしを意識することはどんな状況においても続けられる。たとえ、何が起ころうとも――。

わたしがあなたに望むのは、この堅固さだ。


予期せぬ出来事のせいで、進路をはずれてしまわないように――。

むしろ、わたしがついていることを忘れずに、落ち着いて自信をもって対処しなさい。

何かあなたの注意をひくことがあったら、すぐにわたしに話してごらん。

そうすればわたしは、あなたの喜びもあなたの問題も共有できる。


わたしは、あなたがどんな問題に直面しようとも、それに立ち向かうのを助ける。

このようにしてわたしはあなたの内に生き、あなたを通して働く。

これが、わたしが与える平安の形なのだよ。

◆詩篇112・7、イザヤ41・10（NKJV）

4月18日

平安は、わたしがあなたに与えつづけている贈り物だ。

それは、わたしの恵みの座から豊かにあふれ出る。

イスラエルの人々は、マナを翌日の分まで蓄えておくことができなくて、毎日集めていた。

わたしの平安も、ちょうどそれと同じだ。一日ずつマナを集めることで、イスラエルの人々はわたしに頼っていることをずっと感じていた。

同じようにわたしは、あなたがわたしのもとに来て**感謝をこめて祈りと願いをささげる**なら、さしあたって十分なだけの平安を与えよう。

もしも、わたしの存在にかかわりなく永続する平安を与えたら、あなたは自己充足の罠に陥ってしまうかもしれない。絶対にそうならないようにしなさい！

わたしはあなたを、一瞬一瞬わたしを必要とするように造り上げた。

あなたは、自分の必要を意識することが増えるにつれて、わたしがどれほど豊かに満たしているかに気づくようになる。

わたしは、その豊かな源泉をまったく枯らすことなく、**あなたに必要なものをすべて満たす**ことができる。

大胆に恵みの座に近づいて、感謝の心をもってわたしの平安を受け取りなさい。

◆出エジプト16・14～20、ピリピ4・6～7、19、ヘブル4・16

4月19日

わたしはあなたを愛している。それは、あなたが功績をあげているかどうかには関係ない。

あなたはときおり、わたしの愛に値するだけのことをしているだろうか、と不安になる。

どんなにあなたの行いが模範的なものであっても、その疑問に対する答えは、常に〝ノー〟だ。あなたの行為とわたしの愛はまったく異なる問題だから、あなたはきっちり区別する必要がある。

わたしは、条件も制限もなく永遠にあふれ出る**とこしえの愛で、あなたを愛す。わたしは救いの衣《ころも》を、あなたに着せた。**これはあなたとの永遠の契約だ。どんなことも どんな人も、決してこれをくつがえすことはできない。

だから、あなたがクリスチャンとして何を成し遂げたかということは、わたしのあなたへの愛とはなんのかかわりもない。

一日にどれだけ良い行いをしたかを自己評価するあなたの能力にも、欠陥がある。あなたの限られた人間的な見方や体調はきわめて変わりやすく、あなたの評価を歪めてしまうからだ。

自分の行動に絶えず不安を感じるなら、その不安をわたしのもとに携えてきて、代わりに**わたしの尽きることのない愛**を受け取りなさい。あなたの行動すべてにおいて、わたしの存在を常に意識するように心がけなさい。そうすれば、わたしがあなたの歩みを導いていく。

◆エレミヤ31・3、イザヤ61・10、詩篇31・16、詩篇107・8

4月20日

怖がらなくてもいい。わたしがついているから……。

あなたの不安な心に向かってわたしが、**静まれ、落ち着きなさい**、というのが聞こえるだろう。

たとえ何が起ころうと、**わたしは決してあなたを見放すことも、見捨てることもしない**。

この確信を、喜びに満ちあふれるまで、深くあなたの心に刻みこみなさい。

たとえ、地が姿を変え、山々が海の中に移ろうとも、あなたは恐れる必要はない！

メディアは、これでもかこれでもか、と悪いニュースを流す。朝食時に昼食どきに、そして夕食のときにも――。

お決まりの番組内容にあなたはうんざりする。めまぐるしく変わるニュース番組に集中するかわりに、生けることば――**常に変わらぬわたしに**チャンネルをあわせなさい。

あなたの心に聖書のことばをたっぷりと浸みこませれば、いのちの道をしっかりと歩いていける。

たとえ明日、何が起こるかわからなくても、あなたは自分の最終目的地を百パーセント確信することができる。

わたしはあなたの右の手を取り、後には栄光のうちにあなたを受け入れる。

◆マルコ4・39（NKJV）、申命31・6、詩篇46・2、詩篇73・23～24

4月21日

あなたの心を、わたしの支配下に置きなさい。心は人間の身体の中でいちばん落ち着きがなく、御しがたい器官だ。

口をつぐむという規律を学んでずいぶんたってからも、あなたの思いはあなたの意思に逆らって、わたしに抗《あらが》おうとする。

人はわたしの被造物の最高峰に位置し、人の心は驚くほど複雑だ。

わたしは、わたしのすべてをかけてあなたに自分で考える自由を与えた。

これは神のような特権で、あなたを動物やロボットから永遠に隔てるものだ。

わたしは自分のかたちにあなたを創造した。危険なほど神に近く……。

わたしの血であなたの罪をすっかり贖《あがな》ったのに、あなたの心は、反抗の最後の砦となっている。

わたしの輝きの前に自分自身を開いて、わたしの光があなたの思いの中にあふれるようにしなさい。

聖霊があなたの心を支配しているとき、あなたはいのちと平安に満たされる。

◆創世1・26〜27、ローマ8・6

4月22日

絶えず、わたしに耳を傾けなさい。

わたしがあなたに伝えたいことはたくさんある。

実に多くの人や事態について、祈りが必要だ。

わたしはあなたに、これまで以上にわたしに心を集中する訓練をしている。聖霊の助けを借りて、気を散らすものに耳を貸さないように——。

わたしを深く信頼してともに歩み、物事をあなたの計画にあわせようとするのではなく、わたしの主導に従いなさい。

わたしはあなたを自由にするために、いのちを捨てた。それは、計画せずにはいられない衝動から自由になることも含まれている。

さまざまな思いに心がきりきり舞いしているときのあなたには、わたしの声が聞こえない。計画に占領された心は、支配の偶像の臣下となって忠誠を誓う。

この偶像を捨てて、わたしのもとに戻りなさい。わたしの声を聞き、豊かに生きるために！

◆ヨハネ8・36、箴言19・21、ヨハネ10・27

4月23日

常にわたしから目を離さないようにしなさい。方向の指示をあおぐだけでなく、力を与えられるように——。

わたしは、あなたに何の備えもさせずに何かをするよう導くことは絶対にない。

だからこそ、あなたが何をするにもわたしの意向を尋ねることがとりわけ重要なのだ。

もっと多くの働きをするのが常によいことだと思い、〝ノー〟と言うのは信仰が欠けていると考える〝燃え尽き〟クリスチャンはたくさんいる。

わたしの意向を知るには、わたしとともに時間を過ごすこと――わたしといるのを楽しむことが欠かせない。

これはわずらわしい務めなどではなく、うれしい特権なのだよ。

わたしはあなたに、いのちの道を教えよう。わたしの前には喜びが満ち、わたしの右の手には永遠の喜びがある。

◆詩篇141・8、詩篇16・11（NKJV）

4月24日

わたしがあなたに今日の備えをしているあいだ、わたしの静けさの中で安らぎなさい。

わたしの栄光の輝きに照らされながら、固く信頼してわたしを待つこと――。

心を静め、わたしこそ神であることを知れ。

わたしへの信頼には、受動的と能動的の両面がある。

あなたがわたしに思いを集中し、わたしのもとで安らぐとき、わたしはあなたとの信頼の絆を静かに育んでいる。

あなたがわたしを固く信頼して人生の出来事に対応するとき、あなたはこの信頼の絆を育む過程に能動的にかかわっているのだ。

わたしは、いつでもあなたとともにいる。だからあなたは、不安になる理由はまったくない。

あなたの不安は、明らかに計画の立て過ぎによるものであることが多い。

あなたはこの思考パターンにあまりにも慣れきっているので、それがいかに染みついていているか、わたしと親しくなることをどれほど妨げているかに、この頃やっと気がついてきたところだ。

この、嫌というほど通った道をまたさまよっているのに気づいたら、そのたびにこの傾向を悔いてそれを阻止しなさい。

そしてわたしのもとに戻ること。わたしは今この瞬間も、ずっとあなたを待っている。

わたしは、あなたを**決して罪に定めることなく受け入れる**。

◆詩篇46・10、ローマ8・1

4月25日

わたしをあなたの活動の焦点として、今日の日を過ごしなさい。

バレリーナが回転するときは、バランスを保つために一定のポイントに視点を戻しつづける必要がある。それと同じようにあなたも、常に焦点をわたしに戻しつづけなければならない。

周囲の状況は絶えず変化し、世界はあなたのまわりをぐるぐる回っているように見える。

あなたがバランスをたもつ唯一の方法は、決して変わることのない**わたしから目を離さないこと**だ。

もしもまわりの状況をずっと長く凝視しつづけていたら、あなたは目が回って、何がなんだかわからなくなってしまうだろう。

わたしを見つめ、わたしのもとで元気を回復しなさい。そうすればあなたの歩みは、しっかりとゆるぎないものになるだろう。

◆ヘブル12・2、詩篇102・27

4月26日

何か問題が起きても、物の見方を向上させてくれるものとして歓迎しなさい。

わたしの子どもたちは、邪魔になる障害物にぶつかるまでは夢遊病者のようにぼんやりと日々を過ごしやすい。

すぐに解決のつかない問題に直面した場合のあなたの対応は、自分を引き上げるか引き下げるかのどちらかだ。

困難に打ちかかり、憤って、自分をかわいそうに思うかもしれない。この場合は、あなたは自己憐憫の罠に落ちてしまう。

もうひとつの道は、その問題を足がかりとして高く登っていくことだ。こうするとあなたは、人生をわたしの視点から見られるようになる。

上から見渡せば、あなたをいらだたせていた邪魔物は、**一時の軽い艱難**にすぎない。

ひとたび視点を高くもつようになると、あなたは問題から完全に目を離すことができるようになる。

わたしに顔を戻し、あなたを照らしている**わた**

しの光に目を向けなさい。

◆IIコリント4・16〜18、詩篇89・15

4月27日

両手をからっぽにして、心を開いて、あふれるばかりの恵みをいつでも受け取れるようにしてわたしのもとに来なさい。

あなたの必要がどれほど深くどれほど広いか、わたしは知っている。

あなたの人生の道はずっと険しくて、あなたは力をすり減らしてきた。

わたしのもとに来て、力を取り戻しなさい。

わたしは、あなたの内をわたしで満たそう。わたしがあなたの内にいて、あなたがわたしの内にいるように……。

わたしの力は、わたしを必要だと気がついた弱い人々の中に、もっともふんだんに注ぎこむ。

わたしに頼ってよろめきながら歩んでも、信仰がないことにはならない。その歩みこそ、あなたをわたしにつなげてくれるのだから……。

◆ヨハネ17・20〜23、イザヤ40・29〜31

4月28日

あなたの前に広がっている一日に目をやると、道に沿ってたくさんの選択ポイントがあるのが見えるだろう。

これらの選択が与える可能性は無数にあるので、あなたは混乱してしまうかもしれない。

あなたの心を今日の入口に引き戻そう。そこではわたしがあなたの横に立ち、愛をこめてあなたにこれから先の備えをさせる。

選択をするのは一度にひとつずつ……。それぞれの選択は、それに先立つ決定次第で決まってくるからだ。

この一日にあなたが進む道の地図を心に描こうとするよりも、愛をこめてあなたと歩むわたしの存在に、思いを集中しなさい。

わたしは、あなたが進むにつれて備えをさせるので、道中、何が起こってもあなたは対処できる。

あなたが必要なものを必要なときにわたしが備えることを信じて、わたしに頼りなさい。

◆哀歌3・22〜26、詩篇34・8（NKJV）

4月29日

感謝することを、わたしから学びなさい。

まず第一に、すべてのもの（あなたの所有物とあなた自身のすべて）は、何もかもわたしのものだということを認めなさい。

日々の新たな始まりを彩る暁《あかつき》の光は、わたしからの贈り物。慣れっこになって無感動にならないように──。

大地はわたしの恵みを受けて力強く生気にあふれ、わたしの存在を生き生きと証《あかし》している。

あなたが人生のペースをゆるめれば、あなたはどんなところにもわたしを見出す。

わたしのかけがえのない子どもたちの中には、病にふせっていたり、牢獄に閉じこめられてきた者もいる。

わたしとふたりだけで時を過ごす訓練を、自ら進んで行ってきた者もいる。

感謝の秘訣は、すべてのものをわたしの視点から見るのを学ぶことだ。

わたしの世界はあなたの学舎《まなびや》……。**わたしのことばは、あなたの歩みを照らす灯《ともしび》、あなたの道の光。**

◆ヘブル12・28〜29、詩篇119・105

4月30日

あなたの必需品のどれかが不足しているとき――お金がない、時間が足りない、エネルギー切れ――自分は幸運だと思いなさい。その不足こそ、わたしに恥も外聞もなくすがりつく好機なのだから……。

不十分な資源で一日をはじめるとき、あなたは今この瞬間に努力を集中しなければならない。これこそ、あなたが生きるべく定められた場所――〝今〟を生きることなのだ。この場所で、わたしはいつもあなたを待っている。

自分の不十分さに気づくことは、心からわたしに頼り切るようにあなたを訓練する豊かな恵みなのだよ。

実は、自己充足というのはうぬぼれとつかのまの成功によって長らえてきた神話にすぎない。健康も富も一瞬のうちに消え去ることがある。

人生そのものも同じだ。

わたしの力は、弱さの中でこそ完全に発揮されることを知って、あなたの不十分さを喜びなさい。

◆ヤコブ1・2、IIコリント12・9（NASB）

5月

御名の栄光を、主に帰せよ。
聖なる飾り物を着けて主にひれ伏せ。
(詩篇29篇2節)

5月1日

あなたが歩んでいるのは、わたしが選択した道だ。

あなたの人生には、偶然によるものはひとつもない。

あなたの日々の生活を構成しているのは〝今このとき〟なのだ。

ほとんどの人は中途半端な生き方をして、一瞬一瞬が指のあいだから滑《すべ》り落ちるのにまかせている。

彼らは、将来のことを思い悩んだり、もっと良い時を、もっと良い場所を強く望んで、現在から逃げている。

自分たちが時間と空間の制約を受けている被造物であることを、忘れているのだ。

彼らは自分たちの創造主を忘れている。過去でも未来でもない今この瞬間に、ともに歩んでいる者のことを……。

わたしと深く心が結びついている人にとっては、すべての瞬間がわたしの栄光によって生き生きと輝いている。

あなたが、わたしと常に心を通わせあう生活にもっともっと自分をささげるなら、悩んでいる暇などないことに気がつくだろう。

そうすればあなたは悩みから解放され、聖霊に導かれて**平安の道**を歩んでいける。

◆ルカ12・25〜26、ルカ1・79

5月2日

わたしに頼って生きることが、豊かな人生を楽しむ道だ。

あなたは今、苦境に感謝することを学んでいる。わたしの存在をもっと意識させてくれるからだ。あなたが不安がっていた骨の折れる仕事も、わたしがそばにいることを楽しむ貴重な機会になってきている。

あなたは疲れを感じたときに、わたしがあなたの力であることを思い出し、わたしに頼ることに喜びを見出す。

うれしいのは、あなたがこの頃、前よりもひんぱんにわたしに頼ってくるようになったことだ。とくに、あなたがひとりでいるときに……。

ほかの人といるときのあなたは、わたしの存在を見失ってしまうことがたびたびある。

人の機嫌を損なわないかと恐れることは、あなたを彼らに縛りつけ、彼らが最大の関心事になっていく。

そうなったことに気づいたら、わたしの名前をささやきなさい。

こんなちょっとした信頼の行為が、わたしをあなたの意識の最前部に押し上げる。そこがわたしのいるべき場所なのだから……。

あなたが、わたしがそばにいるという恵みを豊かに受けるとき、わたしのいのちは、あなたを通してほかの人々に流れこむ。

これこそが、豊かな人生なのだよ！

◆箴言29・25、ヨハネ10・10

5月3日

誰も、ふたりの主人に仕えることはできない。

わたしがあなたにとって真の主人であれば、あなたは、ほかの誰よりもわたしを喜ばせたいと願うだろう。

もし、人に気に入られることを目的とするなら、あなたは彼らの奴隷になってしまう。

人は、あなたに及ぼすこの力を与えられると、過酷な主人となりかねないからだ。

もしもわたしがあなたの人生の主人であるなら、わたしは、あなたの**初めのころの愛**でもある。

あなたがわたしに仕えることは、わたしの限りなく大きな無条件の愛に根ざし、それを土台としている。

あなたがわたしの前で低く頭を垂れれば垂れるほど、わたしはあなたを高くし、わたしとの親しい関係に引き上げる。

わたしのもとで生きる喜びは、ほかのすべての歓びにまさって光り輝く。

わたしがあなたに望んでいるのは、わたしとさらに深い絆を築いていくこと、わたしの喜びの光をほかの人たちに反映することなのだ。

◆マタイ6・24、黙示録2・4、エペソ3・16〜17、詩篇16・11

5月4日

朝の静けさの中で、わたしと会おう。大地がわたしの露でみずみずしくさわやかなうちに……。**聖なる美しさに満ちるわたしを褒めたたえよ。**わたしの聖なる名に、愛の歌を歌いなさい。

あなたが自分自身をわたしにささげるなら、聖霊があなたの内を満たしていき、ついには聖なる存在であふれるほどになる。

富を追い求めるこの世のやり方は、つかみとり、貯めこむこと。

あなたは手放し、与えることで、わたしの富を得る。

あなたが自分をわたしに与えれば与えるほど、**わたしは言葉では言い尽くせない至福の喜びであなたを満たそう。**

◆詩篇29・2（NKJV）、Ｉペテロ1・8

5月5日

わたしのもとに来て、あなたが必要としているものをすべて求めなさい。

わたしの前に進み、感謝をささげなさい。

感謝は、わたしの宝への扉を開くからだ。

感謝の気持ちを抱くとき、あなたは、わたしは〝正しい〟という中心的な真理を確認する。**わたしは光であり、わたしには闇がまったくない。**

わたしは完璧に〝正しい〟と確信することで、安全を求めるあなたの基本的欲求は満たされる。

あなたの人生は、罪で汚れた偶像神の気まぐれに左右されることはない。

あなたの人生を支配しているのが完全に信頼できる神であることを知って、心を安らがせなさい。

信頼と期待を抱いて、わたしのところに来てごらん。

あなたが必要としているのにわたしが与えられないものなど、ひとつもないのだから……。

◆詩篇95・2、Iヨハネ1・5

5月6日

あなたが暮らしている世界に、安心を求めてはいけない。

あなたは自分の人生を思うままに運ぼうとして、そのために必要なことを心の中のチェックリストに書きつける傾向がある。

リストにあげた懸案事項をすべて消すことができさえすれば、あなたは肩の荷をおろして安心できる。

ところが、その目標を達成しようと努力すれば努力するほど、あなたのリストの項目は、次から次へと増えていく。

がんばってもがんばっても報われず、あなたの欲求不満はますますつのるばかりだ。

こんな人生に安全を見出す、もっといい方法がある。

チェックリストを細かく吟味するかわりに、あなたとともにいるわたしの存在に、注意を集中するのだ。
こうして常にわたしとふれあっていることで、あなたはずっとわたしの平安の内にとどまっていられる。

さらにわたしは、あなたが、重要なものとそうでないもの、今しなければならないものとしなくていいものを選りわけるのを助ける。

見えるもの（あなたの環境）**ではなく、見えないもの**（わたしの存在）**に目を注ぎなさい。**

◆イザヤ26・3（NKJV）、IIコリント4・18

5月7日

あなたが、わたしを全身全霊で信頼することを——真の意味で信頼することを学んだら、何をもってしても、あなたをわたしの平安から引き離すことはできなくなる。

あなたが耐えしのぶものは、わたしを信頼するための訓練に用いることで、すべてを益とすることができる。

これによってあなたは悪の働きを未然に阻止し、あなたを傷つけようとしていた悪そのものを通して、恵みのうちに成長していく。

この、神による逆転劇の最適な例がヨセフであり、彼は兄弟に向かってきっぱりと言った。
「**あなたがたはわたしに悪をたくらみましたが、神はそれを善に変えてくださいました**」

この日に——いや、どの日も、あなたはどんなことが起きるかと恐れる必要はない。

わたしに信頼することに心を向け、しなければならないことをすることに集中しなさい。

至高の存在であるわたしのもとで緊張をほぐし、わたしが日々、あなたとともに歩むと同時に、あなたに先立って歩んでいることを忘れずに――。**災いを恐れてはならない**。わたしは、あなたがどんな難局に遭遇しようとも、そこから善を引き出すことができるのだから……。

◆創世50・20（NASB）、詩篇23・4

5月8日

人生に何も問題が起こらないように、と望まないこと――。

それは非現実的な目標だ。**あなたは世にあって苦難がある**からだ。あなたには天国において、問題から解放された永遠の人生が用意されている。

誰も奪うことのできないその永遠のいのちを受け継げることを、喜びなさい。

けれども、この地上にあなたの天国を探さないように――。

日々、問題が起こることを予想して、あなたがどんな苦難にあっても備えをするように、一日の初めにわたしに願いなさい。

最善の装備は、わたしが生きてあなたとともにいることだ。**わたしの手は、決してあなたの手を離さない**。

どんなことでも、わたしと話し合おう。

厄介なことがあっても気楽に考えて、それをわたしたちふたりなら対処できるチャレンジと見なしなさい。

わたしはあなたの味方だということ、**わたしはすでに世に勝っている**ことを、忘れないようにしなさい。

◆ヨハネ16・33、イザヤ41・13、ピリピ4・13

5月9日

わが子よ、自分にそんなに辛くあたるのはやめなさい。

わたしはあなたの失敗からでさえ、良いものを引き出すことができる。

あなたの限りある心は、ともすると過去を振り返って、あんな決断をしなければよかった、取り消したいと思いがちだ。

これは時間とエネルギーの無駄、フラストレーションがたまるばかりだ。

過去にとらわれてもがくのはやめて、あなたの失策をわたしにゆだねること——。

わたしの無限の創造性は、良い選択と悪い選択の両方を、ひとつの美しい模様に織り上げることができる。

信頼のまなざしをわたしに向けて、楽しみに待ちなさい。

人間であるあなたは、過ちをおかしつづける。

自分は誤りとは縁のない人生を送らねばならないと思うのは、高慢さの表れだ。

あなたの失敗は恵みの源泉となって、あなたを謙虚にし、他人の弱さへの共感を抱けるようにする。

何よりもいいのは、失敗することによって、あなたがわたしに頼っていることがはっきりわかることだ。

わたしは、あなたの過ちの泥沼から美しいものを引き出すことができる。

わたしを信頼して、わたしが何をするかを見守っていなさい。

◆ローマ8・28、ミカ7・7

5月10日

あなたの人生にふりかかる苦難に抵抗したり、逃げ出したりしないこと――。

これらの問題は、偶然にふりかかる誤りなどではない。あなたのためになるように、あなたが成長するように図られた、特別あつらえの恵みなのだ。

あなたの人生に起こることをわたしが許したすべての出来事を喜んで受け入れ、そこからわたしが良いものを引き出すことを信じなさい。

何か問題が起きたら、わたしにもっと頼り切るチャンスだと見なしなさい。

ストレスを感じはじめたら、それらの感情はわたしを必要としている警報だと思いなさい。

そうすれば、あなたの必要が架け橋となって、わたしへの信頼が深まり、わたしたちの親密さはさらに増す。

この世では自己充足が賞賛されているが、わたしの王国では、わたしに頼ることが豊かな生き方を生み出す。

あなたの人生に困難が生じたら、わたしに感謝しなさい。そのおかげで、あなたは自己依存という偶像崇拝から守られるのだから……。

◆ヨハネ15・5、IIコリント1・8〜9、エペソ5・20

5月11日

何か問題があるときは、そのことをわたしに感謝しなさい。

あなたの心が苦難の暗礁に乗り上げたときは、一刻も早く、それを携えてわたしのもとに来ること――。

そして感謝の気持ちを忘れずに、事態を収拾するわたしのやり方を示すように願いなさい。

あなたは、わたしに感謝をするというまさにその行為によって、ともするとネガティブになりがちな気持ちを解放することができる。

あなたの注意をわたしに向けることで、問題の重大さは薄れ、あなたをつまずかせる力を失う。

あなたとふたりなら、難題に正面からぶつかるにしろ、いったん脇に置いてあとで考えるにしろ、一緒に取り組むことができる。

あなたの心を混乱させている難問のほとんどは、今日の心配ごとではない。あなたが明日から借りてきたものだ。

この場合、わたしはその問題を今日から引き上げ、明日以降に置く。そこでは、問題はあなたの目から覆い隠される。

代わりに、わたしからふんだんにあふれ出る平安をあなたに与えよう。

◆ピリピ4・6、ヨハネ14・27

5月12日

他人に対して、あなたの愛ではなく、わたしの愛を通してかかわりをもつことを学びなさい。あなたの人間的な愛はきわめて限られていて、欠陥と、人を意のままに操りたいという思いでいっぱいだ。

あなたをずっと包みこんでいるわたしの愛は、あなたと同じようにほかの人に対しても、いつでも恵みを与えることができる。

あなた自身のわずかな愛の在庫によって人を助けようとがんばるかわりに、わたしの限りない愛の在庫に気づきなさい。それはどんなときにも、あなたの求めに応じられるのだから――。

人に手を差し伸べるあなたごと、そっくりわたしの愛に包まれなさい。

わたしの大切な子どもたちの中には、燃え尽き症候群の犠牲になっている者が少なくない。〝空っぽになる〟という言葉のほうが、彼らの症状をもっとよく表しているかもしれない。

困窮した人と際限なく交流することで、彼らははっきり意識しないままに、空っぽになってしまう。

あなたもそのひとりだ。保養休暇を必要としている負傷した兵士のように、疲れきったひとりなのだ。

時間を取って、わたしの愛の光の中で憩いなさい。あなたが長年にわたって失ってきたエネルギーを、わたしがだんだんに回復させてあげよう。

疲れた者、重荷を負う者は、誰でもわたしのもとに来なさい。そうすれば、魂に安らぎを得られるだろう。

◆出エジプト33・14、マタイ11・28〜29

5月13日

つらい試練の只中でも、わたしに感謝しなさい。何もかもうまくいかないように見えるときは、成長のチャンスを探すこと――。

とりわけ、どういうところを思い切らなければならないかを探して、わたしの万能の手に自分をゆだねなさい。

あなたはわたしを信頼して、人生の出来事をわたしの選択と構成に任せようとするだろうか。それともまだ、〃あなた自身〃のやりたいように物事を運ぼうとするだろうか。

わたしが別の方向にあなたを導こうとしているのに、まだ自分の思いを押しとおすつもりなら、あなたは自分の欲望を神として仕えていることになる。

あなたの人生にわたしが何を行っているか、常に目をこらしていなさい。

わたしのそばで生きることでわたしをあがめ、**どんな状況においてもわたしに感謝する**ことを忘れずに――。

◆Ⅰペテロ5・6〜7、Ⅰテサロニケ5・13

5月14日

わたしは万能の神——。**わたしに不可能なことは何ひとつない。**

わたしはあなたのように弱い者を、わたしの目的達成のために用いてきた。

あなたの弱さは、あなたがわたしの力を迎え入れるように計画されたもの……。だから、自分の限界を不安に思ったり、今日要求されていることに対して自分の力はどのくらいあるかと測ったりするのはやめなさい。

わたしがあなたに求めているのは、わたしとのつながりを絶やさないこと。わたしの限りない資源を信じ頼って生きること。

思いもよらない要求に直面したときも、あわてふためく必要はない。**あなたにはわたしがついている**ことを忘れてはいけないよ。

わたしと語りあい、つらい状況を通してわたしがあなたに話すことをしっかり聞きなさい。

わたしは、顧みない神ではない。あなたの人生に苦難が訪れるのをわたしが許すときは、あなたがそれに対処できるよう十分な備えをさせる。

わたしの力を信頼して、わたしのもとでゆったりと憩いなさい。

◆ルカ1・37、Ⅱコリント12・9

5月15日

わたしとふたりだけで時間を過ごすことは、あなたの幸せには欠かせない。

それは贅沢だとか、選んでも選ばなくてもいい、というものではない。必要不可欠なものだ。

だから、わたしと時間を過ごすことに罪悪感を感じなくてもいい。

サタンは**わたしを信じる人々を告発する者**であることを忘れないようにし、心に留めなさい。

サタンは、あなたに罪の意識を積み重ねていくことを楽しんでいるのだ。とりわけ、あなたがわたしのもとで幸せを感じているときは……。

サタンの告発の矢を感じるときは、あなたは正しい道にいるはずだ。

信仰の盾で、サタンから自分を守りなさい。

あなたが今、経験していることをわたしに話し、進む道を示すようにわたしに願いなさい。

サタンに対抗しなさい。そうすれば、サタンはあなたから逃げていく。わたしに近づきなさい。そうすれば、わたしはあなたに近づいていく。

◆黙示録12・10、エペソ6・16、ヤコブ4・7〜8

5月16日

わたしはあなたの主である！

わたしを、あなたの魂の友人として、熱愛者として、求めなさい。

といっても、同時にわたしが王の王――すべてに君臨する至高の存在であることを忘れてはならない。

あなたの前に広がる今日という日に目を注ぎ、計画を立ててみるのはかまわない。ただし、わたしには別の考えがあるかもしれないと予想して、それを仮の計画として考える必要がある。

いちばん重要な決定事項は、今、何をするか、ということだ。

人生の地平線を見渡すかわりに、やらなければならないことを探し、目の前の仕事と、あなたのそばを決して離れないわたしの存在とに、集中しなさい。

ほかのすべてのことが色あせ、背景にとけこんでしまうように……。

こうすることであなたの心は整えられ、わたしの存在があなたの意識をさらに占めるようになる。

今やっていることが終わったら、次に何をするかを示すようにわたしに託しなさい。

あなたの意思をわたしに従わせるなら、わたしはあなたを一歩一歩、導いていく。

そうすればあなたは、ずっとわたしのそばで**平安の道**を歩んでいける。

◆箴言19・21、ルカ1・79

5月17日

わたしのもとで心静かに座って、わたしが豊かな神であることを思い起こしなさい。

わたしの資源は、決して尽きることはない。あなたに恵みを与える容量は無限だ。

あなたは需要と供給の世界で暮らしている。そこでは、必需品がしょっちゅう不足している。あなた個人としては足りていても、まわりの世界の困窮を目にしているはずだ。

わたしが供給する必需品の潤沢さ、**わたしの栄光の富**の豊かさは、あなたの理解を超えている。

わたしのもとで時を過ごすことで、あなたはわたしの途方もない豊かさをかいま見ることができる。

これは、あなたが天国において永遠に経験することを、ほんの少し味わったにすぎない。

今でもあなたは、信仰によってわたしを受け入れれば受け入れるほど、わたしに近づくことができる。


目に見えるものによらず、信仰によって歩み、わたしの豊かさを喜びなさい。

◆ピリピ4・19、Ⅱコリント5・7

5月18日

あなたの計画はしばらく中断して、わたしのもとに来なさい。

霊と真理をもってわたしを礼拝し、わたしの栄光があなたの全身に行きわたるように――。

今日一日じゅう、わたしがあなたを導き、わたしのタイミングでわたしの目的を達成できるように信じてゆだねなさい。

あなたの無数の計画を、わたしの全体計画に従わせること――。

わたしは、あなたの人生のすべての面で卓越しているのだから!

あなたの前に常に置かれている努力目標は、日々、わたしを信頼し、わたしの道を探し求めることだ。

自分がいつも通る道をむやみにたどらないこと。そうすると、わたしがあなたのために用意した道を見逃してしまうからだ。

天が地を高く超えているように、わたしの道はあなたの道を、わたしの思いはあなたの思いを、高く超えている。

◆ヨハネ4・24、イザヤ55・8〜9(NKJV)

5月19日

わたしのもとにいるとどんなに安全で安心かを、あなたに知ってほしい。

それは、あなたの感情にはまったく左右されない事実なのだから——。

あなたは天国に続く道を歩んでいる。その目的地にあなたが到達することを妨げるものは、何ひとつない。

そこではあなたはわたしと、顔と顔を合わせ、あなたの喜びは地上のどんな基準でも測れないほど大きなものとなる。

今でもあなたは、わたしから引き離されることは絶対にない。ただし、わたしのことを信仰の目を通して見る必要がある。

わたしはあなたの人生の終わりまで、そしてその先も永遠に向かって、ともに歩んでいく。

わたしがともにいることは保証された約束だが、必ずしもそれは、あなたの感情を変えるものではない。

わたしの存在を忘れているときは、あなたは寂しさや不安を感じるかもしれない。

わたしの存在を意識することによってこそ、平安がネガティブな感情を追い払ってくれるのだから……。

一日中、わたしと歩んでいることを意識する習慣をつけなさい。

◆Ⅰコリント13・12、詩篇29・11

5月20日

あなたの罪が重くあなたにのしかかるときは、わたしのところに来て、自分のあやまちを告白しなさい。そのすべてを、あなたがひとことも口にしないうちから、わたしにはわかっている。

わたしの光の中にとどまって、赦しと清めと癒しとを受けなさい。

何があってもあなたをわたしから引き離せないように、わたしはあなたに**救いの衣《ころも》**を着せた。そのことを忘れないように――。

あなたがつまずいたり、倒れたりするたびに、わたしはそこにいてあなたに手を貸し、起き上がらせる。

人はともすると自分の罪から身を隠し、暗闇の中に逃げ場を探すことがある。

そこで自己憐憫に溺れ、自己否定やひとりよがりな思いにふけり、人に責任転嫁して憎しみをつのらせる。

けれど、**わたしは世の光であり**、わたしの輝きは闇を滅ぼす。

わたしのそばに来て、わたしの光に包まれなさい。光が闇を追い払い、平安があなたを覆いつくすように……。

◆ーヨハネ1・7、イザヤ61・10、ヨハネ8・12

5月21日

天地万物の創造主であるわたしは、あなたとともに、あなたのためにいる。

あなたはこれ以上、何を必要とするのか。

あなたが、何か欠けていると感じるなら、それは深いところでわたしとつながっていないからだ。

わたしは豊かな人生を提供する。あなたの役割はわたしを信頼し、どんな心配ごともはねつけることだ。


あなたを不安にさせる不運な出来事というのは、それほど多くない。むしろ、そうした出来事についてあれこれ考えることで不安になるのだ。

あなたの心は、事態を収拾し、自分の望む結果をもたらすためにやっきになっている。

まるで飢えた狼の群れのように、あなたの思いはその問題を取り囲んで離れない。

あなたは断固として自分のやり方で物事を処理すると決めて、あなたの人生を支配しているのはわたしだということを忘れている。

唯一の救済策は、あなたの気持ちの焦点を、その問題からわたしの存在へと切り替えることだ。

もう奮闘するのはやめて、わたしの行うことを見守っていなさい。**わたしはあなたの主**なのだから！

◆ローマ8・31～32、ミカ7・7

5月22日

物事があなたの思うように運ばないときは、直ちに現状を受け入れなさい。

悔しがってばかりいると、その思いはふくれあがって、憤りとの境界線をやすやすと越えてしまいかねない。

あなたの状況を支配しているのはわたしだということを思い起こして、**わたしの力強い手の下で自分を低くしなさい。**

わたしがあなたの人生に行っていることを喜びなさい。たとえ、それがあなたの理解を超えるものであっても……。

わたしは道であり、真理であり、いのちである。わたしの中にあなたは、今の人生と永遠の人生の両方に必要なものを、すべてもっている。

この世の影響力に、あなたの考えを打ち砕かれたり、わたしに集中するのを邪魔されたりしないように気をつけなさい。

最終的な努力目標は、あなたのまわりで何が起ころうとも、決してわたしから目を離さないことだ。

わたしがあなたの思いの中心にいるなら、あなたはわたしの視点で事態を把握することができるからだ。

◆Ⅰペテロ5・6、ヨハネ14・6

5月23日

今日もわたしに出会いたいという願いを抱いて、一日を始めなさい。

あなたが起きてくる前にわたしは、この日にあなたが通る道の用意をもう進めている。

その道に沿って、隠れた宝が計画的に置かれている。

宝の中には試練もある。地上の束縛からあなたを自由にするために計画されたものだ。

ほかにもわたしの存在を示すさまざまな恵みの宝がある――陽光、花々、小鳥、友情、かなえられた祈り……。

わたしはこの、罪に堕ちた世界を見捨ててはいない。今もずっとここにいる。

深く隠された宝を探して、今日の日を過ごしなさい。

その道のいたるところに、あなたはわたしを見出すだろう。

◆コロサイ2・2～3、イザヤ33・6

5月24日

あなたの心を休ませ、新たにするために、わたしのもとに来なさい。

そしてわたしの存在で、あなたの思いを満たしなさい。

あなたの心が全力疾走するのをやめれば、身体の緊張も解け、あなたはまたわたしを意識するようになる。

この意識は、あなたの霊的な安定になくてはならないもの――あなたの霊的な命綱なのだよ。


あなたが暮らしているこの世界は、本当は四つ以上の次元がある。

空間の次元三つと時空空間の次元一つのほかに、わたしの存在につながる次元がある。

この次元はほかの次元を超越しており、地上にいながら、あなたに天国をかいま見せてくれる。

これはもともと、わたしが人のために立てた計画の一部なのだ。

アダムとエバは、エデンの園を追い出される前は、わたしと一緒に園の中を歩いていた。

わたしはあなたの心の中の園を、あなたとともに歩みたい。そこにわたしは、不変の住まいを定めたのだから……。

◆創世3・8、詩篇89・15

5月25日

わが子よ、あなたがこの世界で生きていくのはなんと大変なことだろう。

あなたの心は、問題から問題へと飛び移り、もつれた思いは不安の塊になっている。

そんなふうに思うとき、あなたはわたしを自分の視界から締め出すことになり、あなたの心は暗くなる。

なんとかあなたを助けたいと思っていても、わたしは、あなたの自由を侵害することはしない。

あなたの心の背景に静かに立って、わたしがいることをあなたが思い出すのを待っている。

あなたが自分の問題からわたしの存在へと向きを変えさえすれば、あなたの荷はとたんに軽くなる。

状況は変わらないかもしれないが、あなたの重荷をわたしとふたりで背負っていけばいい。

すべてを〝解決したい〟というあなたの抑えがたい欲求は、わたしとの深い満ち足りた関係に道を譲る。

ふたり一緒なら今日、何が起きても対処していける。

◆イザヤ41・10、ゼパニヤ3・17、詩篇34・19

5月26日

ひっきりなしに変化する世界にあって、わたしは決して変わらない神である。

わたしはアルファであり、オメガである。初めであり、終わりである。

あなたが切に願ってきたゆるぎない安定を、わたしに見出しなさい。

わたしは、みごとなまでに秩序の整った世界を創造した。わたしの完全さを反映した世界だ。

けれども今、世界は罪と悪に隷属している。

地上のどの人間も、彼らを呑《の》みこもうと大きく開けた不確実さの口と向き合っている。

この有毒な脅威のただひとつの解毒剤は、もっとわたしのそばに近づくことだ。

わたしのもとでなら、あなたは完全な平安を得て、不確実さと立ち向かうことができる。

◆黙示録22・13、ヨハネ16・33（AMP）

5月27日

あなたの一日の初めに、**わたしの顔を慕い求めなさい。**

このことを習慣にすると、一日中〝わたしを身に着け〟、〝わたしをまとっている〟ことができる。たいていの人は、起きるとすぐに服を着る。同じように、わたしと心を通い合わせることで〝わたしを身にまとう〟のが早ければ早いほど、何が起きても十分な備えができる。

〝わたしをまとっている〟というのは、本質的にはわたしの心をもつこと、わたしの想いを思うことだ。

聖霊に、あなたの考えを支配するようにお願いしなさい。こうやって内側から新たにされることで、あなたは変わる。

これであなたは、わたしがどんな人間や事態をもたらしても立ち向かえるだけの備えができたわけだ。

わたしをあなたの心にまとうことは、日々の最適な備えとなる。

この習慣を身につけることで、喜びと平安があなたと、あなたのまわりの人たちにもたらされるのだよ。

◆詩篇27・8（NKJV）、ローマ13・14、コロサイ3・12

5月28日

わたしはあなたに、わたしの臨在を油のように注ごう。

わたしは王の王、主の主、近寄りがたい光の中に住まう神。

あなたがわたしに近づけば、わたしはそれに応えてあなたに近づく。

わたしの存在に包まれるとあなたは、わたしの力と栄光に圧倒される思いがするかもしれない。

これはわたしへの礼拝のひとつの形だ。わたしの偉大さと比較することで、あなたの小ささに気づくための……。

人は、とかく自分を万物の尺度にしようとしがちだ。

ところが人間の尺度はあまりにもちっぽけで、わたしの限りない大きさを理解することはできない。

わたしをまったく見ることのない人がほとんどなのは、そんなわけだ。

といっても、**彼らはわたしの中に生き、動き、存在しているの**に……。

わたしの輝きと麗しさを楽しみ、わたしの栄光を全世界に告げ知らせなさい!

◆Iテモテ6・15〜16、ヤコブ4・8、使徒17・28、詩篇145・3〜6

5月29日

わたしはあなたのそばにいて、常にあなたを見守っている。

わたしはインマヌエル(あなたとともにいる神)——あなたを輝くばかりの愛で包む。

もっとも明るい恵みであろうと、もっとも暗い試練であろうと、あなたをわたしから引き離すことのできるものは、ひとつとしてない。

わたしの子どもたちの中には、暗い時期のほうがわたしをたやすく見出せる者もいる。苦難にあって、わたしに頼ることを強いられるからだ。

また、自分の人生が良いことでいっぱいのときのほうが、わたしを身近に感じる者もいる。彼らは感謝と賛美で応え、わたしに向かって心の扉を大きく開く。

あなたがもっとわたしに近づくためには何が必要か、わたしにはきっちりわかっている。

日々、わたしがあなたのために準備したものを探して過ごしてごらん。どんな出来事も、わたしがあなたの必要に応じて特別にあつらえた支給品として受け入れること。あなたが自分の人生をこんなふうに見るときのもっとも理にかなった反応は、感謝の気持ちをもつことだ。

わたしの贈り物を何ひとつ、拒んではいけないよ。どんな状況においても、わたしを見出しなさい。

◆マタイ1・23、コロサイ2・6～7

5月30日

わたしとともに過ごす時間を、慌ただしいものにしないこと――。

急いでいるときのあなたは、目先の仕事とわたしとのあいだを気持ちが行ったり来たりして落ち着かない。

あなたにのしかかる差し迫った用事を押しのけ、自分のまわりに安心できる空間——わたしとくつろぐことのできる避難所を、作り出しなさい。

わたしはまた、こんなふうにわたしに注意を集中する時間を求めている。その時間を用いて、あなたに恵みを与え、この日のための備えをさせる。だから、わたしと時間を過ごすことは、賢明な投資なのだ。


あなたの貴重な時間というささげ物を、わたしのもとに携えてきなさい。

こうすることで、あなたのまわりに聖なる空間が生まれる——わたしと、わたしの平安に満たされた空間が……。

◆詩篇119・27、Ⅱ歴代16・9、ヘブル13・15（NKJV）

5月31日

わたしがあなたに与える平安は、あなたの理解力を超えている。

物事を理解しようとがんばって、精神的なエネルギーの大部分を投じてしまうと、あなたはこのすばらしい贈り物を受け取れなくなる。

わたしがあなたの心の中をのぞいてみても、さまざまな思いが堂々めぐりをしているだけで、なんの進展もなく、なんの成果ももたらさない。

そのあいだも、わたしの平安はあなたの頭上に空中停止《ホバーリング》して、着陸する場所を探している。

わたしのもとで心を落ちつけて、あなたの思いを支配するようにわたしに願いなさい。

あなたの心にわたしの光をいっぱいに浴びて、ついには、わたしの存在そのものによってあなたが光り輝くように……。

これが、わたしの平安を受け取るいちばん効果的な方法なのだから――。

◆IIテサロニケ3・16、ヨブ22・21

6月

あなたの神、主であるわたしが、
あなたの右の手を堅く握り、

「恐れるな。わたしがあなたを助ける」

と言っているのだから。

（イザヤ書41章13節）

6月1日

わたしは、あなたの人生のすべての瞬間にかかわっている。

わたしは今日一日のあなたの旅を、細心の注意を払って隅から隅まで綿密に計画した。

それでも多くの瞬間は、無計画なものに感じられるかもしれない。

この世界が堕落した状態なので、物事は常に縁のまわりがばらばらにほどけているように見えるのだ。

今日、何かトラブルが起きることを覚悟しておきなさい。

同時に、そうしためちゃくちゃな不完全さの最《さ》中《なか》にあってさえ、**わたしの道が完全**であることを確信しなさい。

わたしのことを常に意識して、この日を過ごしなさい。わたしが決してあなたのそばを離れないことを心に留めて……。

聖霊に、あなたの一歩一歩を導くようお願いし、必要のない試練には守りを、耐えなければならないものにはすべてを切り抜けられる備えをしていただきなさい。

この堕《お》ちた世界のぬかるみの中を重い足取りで歩くときも、あなたの心はわたしとともに聖なる場所にいることを忘れないようにしなさい。

そうすれば、わたしの光があなたを照らし、いかなる状況にも左右されない平安と喜びをあなたに与える。

◆詩篇18・30、イザヤ41・13

6月2日

わたしの聖なる場所に来て癒され、ほっとくつろぎなさい。

心を落ちつけなさい。わたしがあなたの心を新しくする。

不安や思いわずらいを捨てなさい。わたしの平安を受け取れるように――。

やっきになって頑張るのをやめて、わたしこそ神であることを知りなさい。

規則を増やして複雑にし、自分たちの型にはめた〝神らしさ〟を作りだしたパリサイ人のまねはしないこと――。

彼らは自分たちの規則にとらわれすぎるあまり、わたしのことを見失ってしまった。

今日《こんにち》でも、クリスチャンとしていかに生きるかについてのルールが作られ、多くの人がその奴隷になっている。

彼らは自分たちの行為と成果に主眼を置いている。このわたしにではなく……。

あなたは、わたしを深く知って親しくなることによって、わたしのようになっていく。

そのためには、わたしとふたりだけで時間を過ごす必要がある。

思いわずらいを捨ててくつろぎ、心を落ちつけて、わたしこそ神であることを知りなさい。

◆詩篇46・10（NASB）、Ⅰヨハネ3・2

6月3日

わたしは、あなたの全存在の中心でありたいと願っている。

あなたがわたしにしっかりと心を向けていれば、わたしの平安が恐れや不安を追い払う。

恐れや不安はあなたを取り囲み、入りこむ機会を狙っている。だからあなたは、いつも油断なく気を配っていなければいけない。

信頼と感謝に警護をまかせ、恐れが足がかりを得るまえに撃退しなさい。

わたしの愛には恐れがない。その愛は、いつもあなたを照らしている。

わたしの愛の光の中に、静かに座りなさい。わたしは、輝くばかりの平安をあなたに与える。全身全霊でわたしを信頼し、わたしを愛しなさい。

◆IIテサロニケ3・16、Iヨハネ4・18

6月4日

試練のときも、わたしに信頼する良い機会だと思って、喜んで迎えなさい。

あなたの隣にはわたしが、あなたの内には聖霊がいるのだから、あなたの手に負えない苦境などありはしない。

あなたの目の前の道に難題が点在しているとき、そうした困難に立ち向かう力が自分にどれだけあるか測らないように気をつけなさい。

そうした計算は必ず、あなたを不安で惑わす。

わたしなしには、あなたは最初のハードルを乗り越えることはできないのだから！

つらい日々を歩み進んでいく方法は、わたしの手をしっかりと握り、いつもわたしとつながっていることだ。

あなたの思いや口にする言葉を、信頼と感謝で豊かに彩りなさい。

日々、どんな問題がふりかかろうとも、あなたがわたしのそばを離れないかぎり、**わたしはあなたを、全き平安の内に守る。**

◆ヤコブ1・2、ピリピ4・13、イザヤ26・3

6月5日

あなたが暮らしているのは堕ちた世界であることを、忘れてはならない。罪に汚れた異常な世界だ。

挫折や失敗のほとんどは、あなたがこの人生に完全を求めていることから来ている。

この世界において完全なものは、わたしのほかにはない。

だからこそ、わたしとの親しい結びつきが深い切望を満足させ、あなたを喜びで満たすのだ。

わたしはすべての人間の心に、完全への憧れを植えつけた。

これは良い欲望だが、かなえることができるのはわたしだけだ。

それなのに大部分の人は、この欲望の成就を、他人もしくは地上の歓びや功績に求めている。

こうして彼らは偶像を作りだし、その前に頭《こうべ》を垂れる。

あなたには、わたしをおいてほかに神があってはならない！　わたしを、あなたの心の奥底からの願望とし、完全を求める切なる想いをわたしによって満たしなさい。

◆出エジプト20・3、詩篇37・4

6月6日

わたしの顔を尋ね求めて、あなたの深い願望をかなえなさい。

わたしの世界は美しいもので満ちている。それらは、わたしを示すもの、わたしの不変の存在を思い起こさせるためのものだ。

大地は今でもわたしの栄光を、見る目と聞く耳のある者に語り伝えている。

わたしを心から尋ね求める前の、あなたの心は暗かった。

わたしはあなたに、わたしの光を注ぎこむことにした。あなたがほかの人たちの光の標識となれるように……。

この役割には、高慢さの入りこむ余地はない。あなたの務めは、**わたしの栄光を現すこと。**わたしこそが主である！

◆詩篇105・4、詩篇19・1〜2、イザヤ60・2

6月7日

わたしはあなたをすっかり包みこんでいる。あたかも光の繭《まゆ》のように……。

わたしがあなたとともにいることは、神と人との約束によるもので、あなたがわたしに気づいているかどうかは関係ない。

この気づきを妨げるものはたくさんあるが、おもな元凶は思い悩むことだ。

わたしの子どもたちは、悩みを人生の避けられない事実として認めてしまう傾向がある。けれど悩みは一種の不信仰であり、わたしの忌み嫌うものだ。


あなたの人生を支配しているのは、誰なのか。それがあなたなら、あなたが悩んでしまうのは当然だ。

けれどもそれがわたしであるなら、悩むことは不必要でもあり、逆効果でもある。

あなたが何かで不安を感じはじめたら、その状態をわたしに明け渡しなさい。

ちょっと後退して、あなたの注意をわたしに向け直してごらん。

わたしは、自ら手を下して問題を解決することもあれば、どう対処すればいいかをあなたに教えることもある。

あなたにはこの世で苦難がある。それでも、わたしを見失わないようにしなさい。

◆ルカ12・22〜31、ヨハネ16・33

6月8日

わたしは、あなたがわたしの光に満たされ、すべてわたしのものであってほしい。

わたしは人として生き、あなたの罪のゆえに死んでよみがえることで、あなたのためにすべてを与えた。

わたしには何ひとつ隠さないこと——。

あなたのもっとも秘めた想いを、わたしの愛の光の中に携えてきなさい。

あなたがわたしにもたらすものは、すべてわたしが暗い部分を変えて聖める。


わたしは、あなたのすべてを知っている。あなたがあなた自身を知っているよりも、ずっとずっと深く……。

それでもわたしは、あなたを〝直したい〟という切なる思いをこらえて、その代わりにあなたがわたしのもとに助けを求めて来るのを待っている。

このためにどれだけ神としての力を抑えているか、想像できるだろうか。

なぜなら、**わたしは天と地のいっさいの権能を授かっている**のだから――。

聖霊に導かれて、わたしの顔を慕い求めなさい。

感謝とともに、変えてほしいと願って、わたしのもとに来なさい。

◆マタイ28・18、詩篇100・4

6月9日

わたしの愛の中で生きるように努めなさい。**愛は、多くの罪を**――あなたの罪も、ほかの人たちの罪も――**覆うからだ**。

光の外套《ケープ》のようにわたしの愛をまとって、頭から爪先まであなたの全身を覆いなさい。

恐れてはならない。**完全な愛は、恐れを締め出す**のだから……。

ほかの人たちを愛のレンズを通して眺め、わたしの視点で彼らを見ること――。

こうすることで、あなたは光の中を歩むことができる。わたしはそれがうれしい。

わたしは、わたしの身体である信者たちが、わたしの光によって輝くことを願っている。

闇がそこかしこで愛の光をしだいに陰らしていくのが、わたしにはどれほど悲しいことか……。わたしのもとに、**あなたの初めの愛**に、戻っておいで！

聖なる輝きに包まれたわたしをひたすら見つめれば、わたしの愛はふたたびあなたを光で覆う。

◆Iペテロ4・8、Iヨハネ4・18、黙示録2・4

6月10日

わが子よ、わたしのもとで休みなさい。計画を立てたり、何が起こるか予測しようと努めるのをやめて、心を休ませなさい。**絶えず祈り**、聖霊に、この日の細かいところまで監督してくださるように願いなさい。

わたしとともに旅をしていることを、忘れないように――。

先のことを覗こうとしたり、あらゆる可能性を求めて計画しようとするときのあなたは、いつも一緒にいる道連れのことをないがしろにしている。一瞬一瞬、あなたのことを支えてきている道連れを……。

不安げに遠くに目をこらしているときのあなたは、わたしがしっかりとあなたの手を握りしめていることすら、気づいていない。

わが子よ、なんて愚かなことだろう！

わたしを思い起こすことを、日課としなさい。あなたと一緒にいるわたしの姿を、決して見失わないようにしなさい。

こうすることであなたは日々、どんな日もわたしのもとで憩いつづけられるのだから……。
◆Ⅰテサロニケ5・17、詩篇62・5

6月11日

わたしを信頼して、恐れを捨てなさい。わたしこそ、あなたの力、あなたの歌だからだ。

恐れることで、あなたのエネルギーを失わないように――。

それよりもわたしを信頼して、わたしの歌を歌うことにエネルギーを費やしなさい。

あなたの心を支配するための闘いは過酷で、長年の悩みによってあなたは、恐れという敵の攻撃に傷つきやすくなっている。

だからあなたは、自分の想いを守るために常に警戒していなければならない。

あなたは、自分のこの弱さを恥じなくていい。わたしはあなたともっと親しくなるために、その弱さを用いているのだから……。

あなたが常にわたしを必要としていることから生まれる親しさは、努力の尽くしがいのあるものだよ。

この、あなたの心を求めての争いは、あなたひとりで闘うのではない。

あなたの内にいる聖霊は、こうしたあなたの奮闘にいつでも手を貸そうとしておられる。

聖霊に願って、あなたの心を支配していただきなさい。聖霊はあなたにいのちと平安の恵みを与えてくださる。

◆イザヤ12・2、ローマ8・6

6月12日

今日一日を過ごすのに、わたしの助けを求めなさい。

あなたが朝起きて夜寝るまでに通る可能性のある道は、たくさんある。

道の途中にある多数の選択ポイントによく注意して、わたしの存在をいつも意識していなさい。

あなたが今日を過ごすのに、ふたつの方法がある。

ひとつは、不平不満を口にしながら、足を引きずり、よろめきながら歩いていくこと。

これでも結局は、一日の終点にたどりつくけれど、もっといいやり方がある。

平安の道をわたしと一緒に、必要なだけいくらでもわたしに頼って歩むことを選べるのだから。

その道でも困難はあるだろう。それでもあなたは、わたしの力によって自信をもってそれに立ち向かうことができる。

問題にぶつかるたびに、わたしに感謝しなさい。そしてわたしがどんなふうに試練を恵みに変えるかを、見守っていなさい。

◆一コリント10・10、ルカ1・79

6月13日

わたしはあなたの内に、新しいものを生み出そうとしている——それは、ふつふつと湧き上がる喜びの泉……。その喜びは、ほかの人々の人生にも流れこむ。

この喜びを自分の力で得たものと誤解したり、どんな形でもそれによって賞賛を得ようとはしないこと——。

それよりも、ほかの人々に恵みを与えるために聖霊があなたを通して流れこむのを、喜んで見守りなさい。

そして、聖霊が結ぶ実を心の内にたくわえなさい。あなたの役割はわたしのそばで生き、わたしがあなたの内に行うすべてのことを受け入れやすくすることだ。

あなたを通してほかの人たちに働く聖霊の流れを抑えつけようとしないように——。

ひたすらわたしに心を向けて、この日を一緒に歩き抜こう。

あなたを**愛**、**喜び**、**平安**で満たすわたしとともにいることを楽しみなさい。

◆ヨハネ3・8、ガラテヤ5・22

6月14日

わたしはとこしえの愛で、あなたを愛してきた。

時のはじまる前から、わたしはあなたを知っていた。

何年も何年もあなたは、愛を探し、希望を望んで、無意味の海の中を泳ぎまわっていた。

そのあいだずっとわたしは、あなたの姿を追い求めていた。わたしの哀れみ深い腕の中にあなたを抱きしめたい、と切に願いながら……。

機が熟したとき、わたしは自分をあなたに現した。

絶望の海からあなたを救い上げ、堅固な土台の上にあなたを置いた。

ときどきあなたは、自分が裸でいるような――すべてを明るみに出すわたしの光にさらされているような感じがした。

わたしは王の衣《ころも》で――**わたしの義の衣**で、あなたを覆った。

あなたに愛の歌を――初めと終わりが永遠のベールに覆われた歌を、歌ってきかせた。

あなたの心の中に、生きる意味を注ぎこみ、あなたの想いをわたしとの調和で満たした。

わたしの歌を、ともに歌おう。

わたしとふたりで、人々を**暗闇の中からわたしの驚くべき光の中へと**招き入れよう。

◆エレミヤ31・3、イザヤ61・10、Iペテロ2・9（NKJV）

6月15日

あなたが心を静め、信頼してわたしに近づくとき、あなたは強められる。

あなたは、**見えないものに目を留めるために**、身の回りに静寂の緩衝地帯《かんしょう》を必要としている。

わたしは目に見えないから、あなたは自分の五感に思いを支配させてはならない。

この時代の忌むべきところは、感覚を過大評価していることだ。それは、見えない世界の気づきを妨げるからだ。

触知できる世界も、見る目と聞く耳をもつ者にとっては、今でもわたしの栄光を現している。わたしとふたりだけで時を過ごすことは、見る目や聞く耳を養う最高の方法だ。

目標は、見える世界で生涯を過ごしても、見えないものに気づくことなのだよ。

◆IIコリント4・18、イザヤ6・3、詩篇130・5

6月16日

わたしと一緒に、高みにある本道にとどまっていなさい。

多くの声があなたの注意をひこうとして騒ぎ立て、あなたを別の道にそらそうとしている。けれどわたしは、もっとわたしの近くで歩むように、わたしに満たされて、わたしの平安の中で生きるように、あなたに呼びかけてきた。

これは、あなたのためにわたしが意図した唯一無比のもの、世界が始まる前に計画されたものだ。

わたしは、わたしの子どもたちのひとりひとりを、それぞれ明確に異なる、独自に計画した道に招いてきた。

誰かに、自分の道だけが正しい道なのだと言われても信じないこと――。

逆に、あなたの道がほかの人の道よりもすぐれていると誇らないように気をつけなさい。

わたしがあなたに求めているのは、**正義を行い、慈しみを愛し、へりくだってわたしとともに――わたしが導くところ、どこへでも――歩むことな**のだから……。

◆エペソ2・10、ミカ6・8

6月17日

もっとおおらかに自分を笑い飛ばすことを学びなさい。

自分自身や自分の置かれた状況を重く受け止めすぎないこと――。

肩の力を抜いて、わたしが**あなたとともにいる神**であることを確信しなさい。

わたしの意思をほかの何よりも求めるとき、あなたは人生に対して以前よりずっと脅威を感じなくなる。

わたしの責務を――あなたには制しきれない事柄を、監視しようとするのはやめなさい。

あなたの領域の境界を認めて、楽になりなさい。

笑うことであなたの負っている荷は軽くなり、あなたの心は天上の場所へと引き上げられる。

あなたの笑い声は天に昇り、神をたたえる天使の旋律《メロディー》と溶け合う。

親が子どもの笑い声を楽しむのとまったく同じように、わたしもわたしの子どもたちが笑うのを聞くのがうれしい。

あなたがわたしを信頼して人生を陽気に楽しんでくれることを、わたしは喜ぶ。

この世の重荷を肩に負うことで、わたしとともに過ごす喜びを見失わないように――。

むしろ、**わたしの軛《くびき》を負い、わたしに学びなさい。わたしの軛は心地よく、わたしの荷は軽くて負いやすいからだ。**

◆箴言17・22、箴言31・25、マタイ1・23、マタイ11・28〜30（AMP）

6月18日

あなたはわたしの愛する子……。

わたしはあなたを、天地創造の前に選んだ。あなただけのために計画した唯一の道を、わたしとともに歩むために――。

わたしと歩調を合わせることに集中しなさい。あなたのために立てたわたしの計画を予測しようとするのではなく――。

もしもあなたが、わたしの計画は**平和の計画であって、災いの計画ではないこと**を確信すれば、気持ちが楽になり、今のこのときを楽しむことができる。

あなたの希望と未来は、天国に根ざしている。**そこでは、永遠の歓喜があなたを待っている。想像もつかないほどの富と幸せを、あなたは受け継ぐ。何をもってしても、あなたからそれを奪うことはできない。**

ときおり、わたしはあなたの輝かしい未来を、あなたにかいま見せることがある。あなたを励まし、やる気を起こさせるためだ。

といっても、あなたの主眼はわたしのそばにいることであるべきだ。

わたしは、あなたの必要とわたしの目的に合わせて歩調を定めるからだ。

◆エペソ1・4（NASB）、箴言16・9、エレミヤ29・11、エペソ1・13〜14

6月19日

わたしはゆるぎのない土台……。その上であなたは喜び歌い、踊り、わたしの存在を喜び祝う。わたしの存在をかけがえのない贈り物として受け取ること――これは、あなたに対するもっとも重要な召命である。

わたしをあがめ、わたしを楽しむことは、きちんと整えられた生活を維持するよりもはるかに優先事項なのだ。

何もかも自分の思いどおりに運ぼうとやっきになるのはやめなさい――それは不可能な課題だし、貴重なエネルギーの無駄づかいだ。

わたしが、わたしの子どもたちを教え導くのはひとりひとり、みんな違う。

それだからわたしに耳を傾けるのは、あなたの幸せにとって絶対に欠かせないことなのだ。

わたしに、あなたを待ちかまえている今日の備えをまかせ、正しい方向にあなたを導くようにゆだねなさい。

わたしはずっとあなたとともにいる。だから、不安に怯えなくていい。

不安があなたにしつこくつきまとっても、わたしがあなたの手を固く握りしめているかぎり、あなたに害を及ぼすことはできない。
わたしから目を離さず、わたしのもとで平安を享受しなさい。

◆詩篇5・11、エペソ3・20〜21、ユダ24〜25節、ヨシュア1・5

6月20日

わたしは絶えず、あなたに話しかけている。わたしの本質は心を通じ合うこと。といっても、いつも言葉でとはかぎらない。わたしはすばらしい夕焼けで空を彩る。毎日、毎日……。

愛する人の顔や声で語り、優しいそよ風でそっと撫でて、あなたを生き返らせ、喜びを与える。

そして、あなたの魂の奥深くで静かに語りかける。そこに、わたしはずっと住んでいる。

あなたは、どんな瞬間にもわたしを見出すことができる。あなたに、見る目と聞く耳がありさえすれば……。

聖霊に、あなたの霊的な視力と聴力を鋭敏にするようにお願いしなさい。

あなたがわたしを見つけるたびに、わたしはうれしい。

ときどき、静かな時間を設けて、わたしを探し、わたしに耳を傾けることを実践しなさい。

しだいにあなたは、自分の時間の中でもっともっとわたしを見出すようになる。

ほかの何よりもわたしを求めるなら、あなたはわたしに出会うだろう。

◆詩篇8・1〜4、詩篇19・1〜2、Iコリント6・19、エレミヤ29・13

6月21日

わたしがあなたに働きかけているときは、わたしのもとで辛抱強く待っていなさい。時間を気にしすぎて心がむしばまれた状態で、わたしのもとに飛びこんでこないこと——。わたしは、時間を超越した永遠の中に住んでいる。**わたしは今も昔もいて、常に存在している。**

時間はあなたを守るもの——あなたは、人生を二十四時間単位でしか対処することのできない、か弱い生き物なのだ。

また、時間は暴君にもなりうる——あなたの心の中で、容赦なく時を刻んでいく。時間の主人となることを学びなさい。さもないと、時があなたの主人となってしまう。

あなたは時間に縛られた生き物ではあるけれど、時を超えた永遠の中で、わたしとの出会いを求めなさい。あなたがわたしの存在に意識を集中すれば、時間や仕事の強要は減っていく。**わたしはあなたを祝福し、あなたを守ろう。あなたに顔を向けて、恵みの光であなたを照らし、あなたに平安を与えよう。**

◆ミカ7・7、黙示録1・8、民数6・24〜26

わたしに感謝しながら、同時に罵ることは不可能だから――。

試練についてわたしに感謝するのは、最初はぎこちなく不自然に感じるだろう。

それでも断固としてやり通せば、信仰によって祈られたあなたの感謝の言葉は、ついにはあなたの心に大きな変化をもたらす。

感謝は、あなたのすべての問題をはるかにしのぐわたしの存在に、あなたの目を開かせる。
◆詩篇116・17（NKJV）、ピリピ4・4～6

6月23日

わたしの愛があなたの内を流れるように求めなさい。恐れと不信を押し流してくれるように――。

6月22日

今、あなたを悩ませていることにこそ、わたしへの感謝が必要だ。

あなたは今にも反抗しそうな瀬戸際にいる。いつ、わたしの顔にこぶしをふりあげてもおかしくないほど……。

あなたは、わたしの自分に対する扱い方について思いきり愚痴をこぼせたらいいのに、と思っている。

そうは言っても、ひとたびその線を踏み越えてしまえば、激しい怒りと自己憐憫の奔流に押し流されてしまいかねない。

この誘惑に対する最良の防御は、感謝をすること。

信頼に裏打ちされたあなたの対応は、事態に対処するための戦略を考えるときに、わたしを含めることだ。

　ずっとあなたとともにいるわたしの存在は、あなたがどんなことにも決してひとりで立ち向かわずにすむことを保証する誓約なのだよ。

　わたしの子どもたちは、わたしが常に彼らとともにいるという事実はわかってきたはずなのだ。それなのに、わたしの存在をまったく意識することなく、つまずきながらよろめき歩いている。

　いつもわたしがそばにいて、彼らを愛で包んでいることにも気づかずに……。

　ああ、なんと悲しいことだろう！

　あなたがわたしを信じ頼りにして一日を歩き抜くとき、わたしの心の痛みは和らぐ。あなたの注意がさまよいだしたら、そのたびに優しくわたしのもとに戻しなさい。

　わたしは、わたしとともに進むあなたの歩みに、完全さよりも持続性を求めているのだから――。

◆詩篇52・8、申命31・6、エペソ4・30

6月24日

わたしの手を握りしめて、わたしを信じなさい。あなたのそばにいるわたしの存在を意識しているかぎり、すべてうまくいく。

　光の中をわたしと歩んでいるときにつまずくことは、実質的にありえないからだ。

　わたしはあなたを、何よりもわたしの存在に喜びを見出すように造りあげた。

　あなたが自分の心にもっとも深い充足を見出せ

るのは、ただわたしひとりだけだ。

恐れと不安は、わたしの光の中で溶けて消える。わたしに背を向けるとき、あなたは、この世界に常に影響を及ぼしている闇に対して無防備になる。

あなたがわたしの手を取ることを忘れるとき、いかに簡単に罪を犯してしまうかは少しも驚くことではない。

この世界では、依存することは未熟な行為と見なされている。

けれどわたしの王国においては、わたしに依存することは、成熟度を測る最も適切な尺度になる。

◆イザヤ41・10、詩篇62・5〜6

6月25日

両手を広げ、心を開いて、この日をわたしからのかけがえのない贈り物として受け取りなさい。

わたしは日々、朝日を昇らせ、わたしの輝かしい存在を告げることで一日を始める。

あなたがベッドから起きる頃には、わたしはすでにあなたの前に道を整えている。

わたしは、あなたが目覚めて最初に何を思うか、楽しみに待っている。

あなたがわたしの道に目をやるとき、わたしはうれしい。

感謝のささげ物を携えて、わたしのもとに来なさい。それによってあなたの心が開いて、わたしと豊かに心を通じ合えるようになる。

わたしは神であり、すべての恵みはわたしからあふれ出る。だから、感謝することはわたしに近づく最善の道なのだ。

わたしをたたえる賛歌を歌い、わたしの驚くべき業《わざ》を語りなさい。

わたしは、あなたによって大きな喜びを見出し、あなたによって喜びの歌を歌って楽しむことを忘れずに……。

◆詩篇118・24、詩篇95・2、ゼパニヤ3・17

6月26日

今日、何が起ころうとも、穏やかな気持ちでわたしを意識していなさい。

わたしがあなたとともにいるだけでなく、あなたに先立ってこの日に臨むことを忘れないように――。

わたしにとって予想外なことは何ひとつない。あなたがわたしに目を向けているかぎり、周囲の事情にあなたが打ちのめされてしまうようなことはさせない。

そのときどきに起こるどんなことにもあなたが対処できるように、わたしは手を貸す。

わたしと手を携えて進むことは、**あなたのすべての苦難をはるかにまさる恵みをもたらす。**

常にわたしの存在を意識することで、どんな不測の事態にも持続する喜びを得られるのだよ。

◆詩篇23・1～4（NKJV）、IIコリント4・16～17

6月27日

わたしと一緒にしばらく休みなさい。
あなたはここ何日か、険しい悪路を旅してきた。
前方の道は、不確かさに覆い隠されている。
あなたの背後にも、前方にも目をこらさないようにしなさい。
それよりも、あなたのずっと変わらぬ道連れであるわたしに注意を集中しなさい。
わたしが、あなたの旅に何が待ち受けていても十分な備えをすることを信じて……。
わたしは時間を、あなたを保護するものとして設定した。
あなたは、自分の全人生を一度に見尽くすことには耐えられない。
わたしは時間の拘束は受けないが、わたしがあなたと会うのは今この瞬間なのだ。
わたしがともに旅をすることで元気を回復し、わたしの息吹を深く吸いこみなさい。
最高度の信頼は、わたしといる一時《ひととき》一時を楽しむこと。

わたしはあなたとともにいる。あなたがどこへ行っても、わたしはあなたを守る。

◆詩篇143・8、創世28・15

6月28日

わたしの恵み深さを味わい、目に留めなさい。

この命令には、わたしの存在を身をもって知ることの勧めも含まれている。

また、これには約束も含まれている。

あなたがわたしを知れば知るほど、あなたはわたしの恵み深さを確信する。

この知識は、あなたの信仰の歩みにとって絶対に欠かせないものだ。


不運に見舞われると、人は衝動的にわたしの恵み深さを疑う。

わたしの道は、わたしのことをよく知っている者にさえ、神秘的で理解しがたい。

天が地を高く超えているように、わたしの道はあなたの道を、わたしの思いはあなたの思いを高く超えているからだ。

わたしの道を測ろうとはしないこと——。

それよりも、わたしと時を過ごすことを楽しみ、わたしの恵み深さを味わいなさい。

◆詩篇34・8、イザヤ55・8～9

6月29日

朝、ベッドから起きるとき、わたしがそばにいることに気づきなさい。

あなたの思考はまだぼんやりしているかもしれないが、わたしはそうではない。

朝目覚めたばかりのときは、不安なことばかり思い浮かびがちだ。けれどそれも、わたしと心をつなぐまでのこと。

わたしの名前をささやいて、わたしをあなたの思いの中に迎え入れなさい。

とたんにあなたの一日がぱっと明るくなって、扱いやすく感じられる。

わたしの存在によって活気づけられた日を、不安に思いようがないから……。

あなたには、わたしがついている——何ひとつ、ひとりで立ち向かわなくていい、と知ることで、あなたは確信を得る。

不安は、間違った質問を自分に投げかけることから発生する——〝もしも○○のことが起こった場合、わたしはそれに対処できるだろうか〟

正しい質問は、何が起きてもあなたが対処できるかどうかではなく、あなたとわたしが一緒ならどんなことがあっても立ち向かえるか、ということだ。

この〝あなたとわたしと一緒に〟こそ、この日に明るく向かうための確信をあなたに与えてくれる大切な要因なのだ。

◆詩篇5・3、詩篇63・1（NKJV）、ピリピ4・13

6月30日

わたしは真理である。わたしはあなたを自由にするために来た。

聖霊があなたの心と行動を十分に制御すればするほど、あなたはわたしの中で自由になる。あなたはしだいに解き放たれて、かつてわたしが創造したあなたになっていく。

あなたが聖霊に従うとき、わたしはこの業《わざ》をあなたの内に行う。

わたしは、あなたがわたしのもとで静まって全身全霊でわたしに集中しているときに、最高の業を発揮できる。

わたしの思いがあなたの意識の中にあふれんば

かりになって、豊かな人生を送れるように願い求めなさい。

わたしは道であり、真理であり、いのちである。あなたがわたしに従っていれば、わたしはあなたを新たな道に導く――あなたが想像したこともない道だ。

道の先に何があるか、あなたは心配しなくていい。

わたしを知ることによって身の安全と安心を見出しなさい。**あなたを自由にする**ために死んだわたしを知ることで……。

◆ヨハネ8・32、ピリピ2・13、ヨハネ14・6

7月

こういうわけで、今は、キリスト・イエスにある者が罪に定められることは決してありません。

（ローマ人への手紙8章1節）

7月1日

わたしは豊かないのちであり、あふれるばかりの光である。

あなたがわたしの存在に〝浸る〟ようにして時を過ごせば、あなたは力を得て、荷は軽くなる。

わたしと心を通わせることで、あなたは自分の重荷をわたしの強健な肩に引き渡す。

わたしを見つめることで、あなたは人生をわたしの視点から見るようになる。

わたしとふたりだけで過ごす、この時はあなたの思いを整え、目の前の一日をなだらかにするのに欠かせないものだ。

わたしとの、このかけがえのない時間を得るために進んで戦いなさい。

敵はいろいろな形でやってくる——もっと寝ていたいというあなた自身の思い。あなたの気持ちをわたしから引き離そうとする邪悪な者の決意。そして、自分の時間をもっと生産的なことに使え、という家族や友人や、あなた自身の内なる批評家のプレッシャー……。

ほかの何よりもわたしを喜ばせたいというあなたの願いが強くなれば、あなたはこれらの敵に屈しないだけの力を得る。

わたしをあなたの喜びとしなさい。わたしは、あなたの心のもっとも強い願いなのだから。

◆詩篇48・9、申命33・12、詩篇37・4

7月2日

わたしの道を示すように求めなさい。それは今日、あなたのために用意した道だ。

わたしはとぎれることなく、ずっとあなたを導いている。だからあなたは今も、わたしのもとでくつろぎ、わたしと過ごす時を楽しんでいる。

良く生きることは一種の修練でもあり、技術でもある。

神の芸術家であるわたしのそばで過ごすことに、主眼を置きなさい。

あなたの人生におけるわたしの導きを信頼するよう、あなたの思いを訓練すること――。

何事についても祈り、そして結果をわたしにゆだねなさい。

わたしの意思を怖がらなくていい。それによってわたしは、あなたにとって最善のことを成しとげるのだから……。

深く息を吸って、わたしへの絶対的な信頼の深みに飛びこみなさい。

下では、永遠の手があなたを支えようと待っているからだ！

◆詩篇5・2〜3、申命33・27

7月3日

わたしの子どもたちは、お互いに裁《さば》きあう――そして自分自身をも裁くことで、気晴らしをしている。

けれども、裁く資格のあるのはわたしだけで、わたしはあなたを自分の血によって無罪としたのだ。

あなたの罪は、比類のないわたしの犠牲という代価を払って贖《あがな》われたもの……。

だからこそわたしは、わたしの子どもたちが互いに裁きあったり、自己嫌悪に陥ったりしているのを聞くと、とても不快に感じる。

あなたがわたしのそばで生き、わたしのことばを吸収すれば、必要なときに聖霊があなたを導き、正してくださる。

わたしに属する者は、**罪に定められることはない**からだ。

◆ルカ6・37、IIテモテ4・8、テトス3・5、ローマ8・1

7月4日

あなたが**霊と真理をもって**わたしを礼拝するとき、あなたは、常にわたしの王座の前にいる天使の聖歌隊に加わる。

あなたには天使の声は聞こえなくても、あなたの賛美と感謝は天国においてはっきり聞き取れる。

あなたの訴えも聞こえるけれど、わたしの心に続く道の邪魔ものを取り除いてくれるのは、あなたの感謝なのだよ。

わたしたちのあいだをつなぐ道が広々と開けていれば、わたしの恵みはあなたの上に豊かに降り注ぐ。

もっとも大きな恵みは、わたしのそばにいること――わたしのもとで、あふれるばかりの喜びと平安を得ることだ。
今日は一日じゅう、ずっとわたしを賛美し、感謝することを実践してごらん。

◆ヨハネ4・23〜24、詩篇100・4

7月5日

感謝の心をもって、わたしのそばに寄りなさい。あなたの杯が恵みであふれていることを感じながら……。

感謝することであなたは、わたしをもっとはっきりと感じ、わたしたちの愛に満ちた関係を喜ぶことができる。

何ものも、わたしの愛からあなたを引き離すことはできない。それが、あなたの安心感の基盤なのだ。

不安を感じはじめたらいつでも、あなたの安心と安全はわたしひとりにかかっていること、そしてわたしが百パーセント信頼できることを思い起こしなさい。

あなたは自分の人生の状況を支配することは決してできないが、わたしの支配を信頼して心を楽にすることができる。

予測のつく安全なライフスタイルを求めてやっきになるよりも、わたしをもっと深く広く知るように努めなさい。

わたしはあなたの人生をすばらしい冒険にしたいと、切に願っている。ただし、あなたは古いやり方にしがみつくのをやめなければいけない。

わたしは自分の愛する者たちの内に、いつも新あなたはわたしとふたりだけで過ごす時間や場所を作りだすために、自分の生活の境界を押し戻すことに罪悪感を抱きがちだ。

この世界はあなたを自分の型にはめこみ、わたしにささげる時間を締め出そうと手ぐすね引いている。

この世のやり方は、あなたの善悪の判断力をもゆがめてしまった。あなたの判断力は、わたしをいちばん喜ばせること（わたしの顔を尋ね求めること）をするのを罰しようとする。

あなたの注意をそらそうと騒ぐ声は聞かずに、わたしの声に耳をすませてごらん。

聖霊に、あなたの心を支配するようにお願いしなさい。聖霊とわたしは完全に協調して業を行っているからだ。しいことを行っている。

わたしがあなたのために用意したすべてのことを求めて、目を配っていなさい。

◆ローマ8・38〜39、詩篇56・3〜4、イザヤ43・19

7月6日

わたしは、あなたの父なる神である。

わたしの言うことに耳をすませなさい！

永遠の王の子どもであるというのはどういうことかを、学びなさい。

あなたのもっとも意味深い務めは、わたしに献身すること。

この務めは、贅沢に感じられるほどの喜びに満ちた特権なのだ。

わたしのもとで心を静め、注意していなさい。

あなたは聖なる地に立っているのだから。

◆イザヤ9・6、ゼカリヤ9・9（NKJV）、ローマ8・15〜16、出エジプト3・5

7月7日

あなたのすべての思いを、わたしにゆだねなさい。

その思いの中には、無意識のものもあれば、十分に意識していないものもあることを、わたしはわかっている。

だから、そのことであなたに責任を負わせたりはしない。

けれど意識している思いについては、あなたは自覚しているより、もっとずっと自由に働かせられるはずだ。

こんなふうに思うことを――わたしへの信頼や感謝の思いを意識することを、実践しよう。

そうすれば、これらの思いはもっと自然なものとなる。

ネガティブな考えや罪深い思いは、気がついたらすぐにはねつけなさい。

わたしから隠そうとはせずに、その思いをわたしに告白し、わたしに託すこと――。

そして心も軽く、またあなたの道を進みなさい。

この方法であなたの思いを支配することによって、あなたの心はわたしのもとから離れず、あなたの足は**平安の道**を歩みつづける。

◆詩篇20・7、Ⅰヨハネ1・9、ルカ1・79

7月8日

あなたがわたしの顔を尋ね求めるときは、ほかのことは何も考えないようにしなさい。

わたしはすべての内にあり、同時にすべてを超えている。わたしとあなたとの心のふれあいは、時間も状況も超越している。

わたしからあふれるほどの恵みを受ける用意をしなさい。わたしは、限りない豊かさの神だから……。

心をいっぱいに開いて、わたしをもっともっと受け取りなさい。

わたしの中のあなたの喜びが、あなたの中のわたしの喜びと出会うとき、そこにこの世のものではない歓喜の花火が上がる。

これは、今ここで経験する永遠の人生……。やがて訪れる人生で待っているものを、あなたはほんの少し味わうことができる。

あなたは今は、鏡にぼんやり映ったものを見ている。だがそのときには、顔と顔とを合わせて見ることになる。

◆ヨハネ15・11、Iコリント13・12

7月9日

わたしの声を聞けるように、しばらく思い悩むのをやめなさい。

わたしはそっとあなたに語りかける。あなたの心の奥底に向かって……。

あなたの心は蜘蛛《くも》のように四方八方に動き回り、

不安と混乱の巣を織りなす。

　わたしの考えがあなたの心の中に浮かんでも、そうした不安のねばねばした糸にからまってしまう。

　こうしてわたしの声はかき消され、あなたに聞こえるのは、不要な音にかぶせて消すための〝白《ホワ》色雑音《イトノイズ》〟だけだ。

　聖霊に、あなたの心を静めるようにお願いしなさい、わたしの考えを思い浮かべることができるように――。

　この能力は、わたしのかたちに創造したわたしの子どもであることの、とてつもない恩恵なのだ。

　この世の騒音や、あなた自身の思いの雑音で耳が聞こえなくならないように……。

　むしろ、心を新たにして変えられなさい。

　わたしのもとで静かに座って、わたしの思いがあなたの思考用プログラムを作り直すのを待ちながら……。

◆申命30・20、創世1・27、ローマ12・2

7月10日

わたしの平安の中でくつろぎなさい。

わたしとあなたが心をふれあう聖なる場所に、仕事のプレッシャーを持ちこまないこと――。

信頼しきった人と一緒にいるとき、あなたは気持ちがのびのびして自分自身でいられる。

これは、真の友情の醍醐味のひとつだ。

わたしは**主の主、王の王**である。と同時に、あなたの親しい友にもなりたいと願っている。

あなたがわたしとの関係において緊張したり、うわべをとりつくろったりしたら、わたしは心が痛む。

わたしはあなたの最悪なところを知っている。同時に、あなたの内の最善の部分も見ている。

わたしは、あなたがわたしといるときにありのままのあなたでいられるように、わたしを信頼してゆだねてほしいと願っている。

あなたがわたしに本音で接すれば、わたしはあなたの中にある最高のものを引き出すことができる――わたしがあなたの魂に植えつけた賜物の数々だ。

心を楽にして、わたしとの友情を楽しもう。

◆黙示録17・14、ヨハネ15・13〜15

7月11日

わたしひとりをあがめなさい。

偶像崇拝は、わたしを信じる人々を転落させてきた。

わたしは**ねたむ神**であり、そのことは何も秘密にしてはいない。

現代の偶像は、古代のそれに比べるともっと巧妙だ。今日《こんにち》の偽りの神々はたいてい、宗教とは畑違いのところに存在しているからだ。

現在もっとも人気のある神々の中には、他人、財産、地位、自己権力の拡大などが含まれている。これらのものに頭を下げないよう注意しなさい。ニセモノの神々は決して満足しない。それどころか、欲望をさらにかきたてる。

この世の偶像ではなく、わたしを尋ね求めるとき、あなたはわたしの喜びと平安を味わう。

これらは触れることはできないけれど、あなたの魂の渇きをいやし、深い満足感を与えてくれる。

この世界のきらびやかな光は、安っぽくてつかのまのものだ。

わたしの光はまばゆいばかりに輝き、永遠に消えない。

光の中を、わたしとともに歩もう。

そして、あなたは指標の灯《ともしび》となり、あなたを通して、人々はわたしに引き寄せられる。

◆出エジプト20・4〜5、Ⅱサムエル22・29

7月12日

あなたがわたしを遠く感じるときはいつでも、愛と信頼をこめてわたしの名前をささやいてごらん。

こんなシンプルな祈りが、また元のようにあなたにわたしの存在を感じさせてくれる。

英語圏を中心に、この世界ではわたしの名前は絶えず濫用されている。人はわたしの名を、罵りの言葉に使っているからだ。

この言葉による攻撃は、はるばる天国まで届いている。どんな言葉もすべて聞かれ、記録されている。

あなたが信頼をこめてわたしの名前をささやく

とき、わたしの耳の痛みは和らげられる。この世の冒瀆的な、耳障りな罵詈雑言は、わたしを信頼する子どもたちが口にする〝イエスさま〟の呼びかけには太刀打ちできない。

あなたとわたしのどちらにも恵みを与えるわたしの名前の力は、あなたの理解をはるかに超えるものだから……。
◆使徒4・12、ヨハネ16・24

7月13日

わたしはあなたに、救いの豊かな恵みを感じてほしい。いついかなるときも完全に愛されている喜びを、味わってほしい。

あなたは自分を裁くことが習慣になっている。その基盤になるのは、自分が人の目にどう見え、どうふるまい、どう感じるかだ。

あなたが鏡の中に映る自分の姿を気に入っているときは、そうではないときより、もう少し愛される価値があると感じられるだろう。

物事が順調に進み、自分の行動が適切だと思えるときは、あなたは自分がわたしの愛する子どもであることを信じやすくなる。

失望を感じるときは、自分の内面をのぞきこみ、何か間違っていることがあれば、すべて正そうとしがちだ。

あなた自身を〝正そう〟とするのではなく、**あなたの魂を愛しているわたしに目をすえなさい。**

自分を裁くことにエネルギーを使うよりも、そのエネルギーを、わたしを賛美することに向けなさい。

わたしの見ているあなたは、わたしの義の衣をまとい、わたしの完全な愛に輝いていることを忘れないように……。

◆エペソ2・7〜8、ヘブル3・1、詩篇34・5

7月14日

わたしがあなたのために選んだ道を、ずっと一緒に歩んで行こう。

わたしのそばで生きたいというあなたの願いは、わたしの心の喜びだ。

わたしはあなたが求めている霊的な富を、今すぐに与えることができる。けれどそれは、あなたのために選んだわたしの道ではない。

わたしたちは力を合わせて、高い山の上に道を作ろうとしている。

その旅は時として険しく、あなたは弱い。

あなたはいつかは、高い峰々を軽やかな足取りで踊るように進むだろうが、今はほとんど、重い足を引きずってとぼとぼ歩いている。

わたしがあなたに求めるのは、次の一歩を踏み出すことだけだ。力を与え、方向を示すわたしの手をしっかりと握りしめて……。

道は困難で、景色も今は退屈だが、あのカーブを曲がりさえすれば、心のはずむような驚きが待っている。

わたしがあなたのために選び抜いた道にとどまっていなさい。それはまさしく、**いのちの道**なのだから……。

◆詩篇37・23〜24、詩篇16・11（NKJV）

7月15日

明日のことまで思い悩むな！——これは忠告ではなく、命令である。

わたしは時を、昼と夜とに分けた。そうすればあなたが、生活を扱いやすく分割できるからだ。**わたしの恵みはあなたに十分である**。といってもそれは、一度に一日分だけ、ということだ。

先のことを思い悩むとき、あなたはその弱々しい骨格に毎日、心配ごとを積み重ねていくことになる。

あなたはこの重い荷を負ってよろめく。わたしは、あなたにその重荷を背負わせるつもりはまったくなかったのに……。

このうんざりするような重荷を、信頼のすばやいひと押しで振り落しなさい。

不安な思いはあなたの頭の中で倍にふくれ、動き回るが、わたしへの信頼があなたをまっすぐにわたしのもとへ導いてくれる。

こうしてあなたの信仰を確認することで、悩みごとの足かせは、たちまちはずれる。

どんなときにもわたしを信頼して、わたしのもとにいることを楽しみなさい。

◆マタイ6・34、Ⅱコリント12・9、詩篇62・8（NKJV）

7月16日

自己憐憫は、滑りやすい底なしの落とし穴だ。ひとたび落ちてしまったら、あなたは泥沼にどんどん深くはまりこんでいく傾向がある。ぬるぬるした壁を滑り落ちていくあなたは、鬱《うつ》への道をかなり進んでいる。闇は深い……。

あなたの唯一の希望は、顔を上げて、あなたを上から照らすわたしの光に目をやることだ。

穴に深くはまりこんだあなたの視点からは、光は微かにしか見えなくても、その希望の光線はどんな深いところでも、きっとあなたに届く。

あなたはわたしを信頼し、思いを集中させて、絶望のどん底からゆっくりゆっくり這《は》い上がってくる。

そしてついには穴の上まで達して、わたしの手をしっかりつかむのだ。

わたしはあなたを穴から引き上げ、ふたたび光の中に置く。優しくあなたを清め、こびりついた泥を洗い落として、わたしの義の衣をまとわせる。

そしてわたしとあなたは、いのちの道をともに歩んでいく……。

◆詩篇40・2〜3、詩篇42・5（NASB）、詩篇147・11

7月17日

さあ、しばらく**わたしと一緒に抜け出そう**。

ひっきりなしに要求ばかりしてくる世間は、待たせておけばいい。

大部分の人は、〝わたし〟を待たせておく。いつの日か、わたしに専心できる時間を見つけられるからと理屈をつけて――。

ところが、人がわたしを自分の人生の背景に追いやるのが長くなればなるほど、わたしを見出すことは難しくなる。

あなたは、忙しさを賞賛する人々の中で暮らしている。彼らは時間を、自分たちの生活を支配する暴君にしてしまっているのだ。

わたしを救い主と知っている人たちでさえ、この世界のテンポに合わせて進む傾向がある。彼らは、それが会合であれ、計画であれ、活動であれ、常に多ければ多いほど良いのだという幻想を受け入れてきた。

わたしはあなたが、ほかに誰もいない道をわたしに付き従って、わたしとふたりだけで過ごす時間を最優先事項と最大の喜びにするように、呼びかけてきた。

それは認められることはほとんどなく、嫌がられることの多い道だ。

それでも、**あなたは良いほうを選んだのだ。それを、あなたから決して取り去ってはならない。**

そればかりではない。あなたがわたしのそばで歩んでいれば、わたしはあなたを通してほかの人々に恵みを与えることができるのだから……。

◆雅歌2・13、ルカ10・42

7月18日

わたしはあなたが考えているよりも近くにいて、あなたのすべての時間に、豊かに存在している。あなたは、何ものも切り離すことのできない愛の絆で、わたしとつながっている。

それでも時には、ひとりぼっちだと感じることもあるかもしれない。わたしとあなたの結びつきは目に見えないからだ。

　あなたの目を開くようにわたしに願いなさい。どこにいても、わたしを見つけられるように――。わたしの存在を意識すればするほど、あなたは安心感を得る。

　これは、ある種の現実逃避などではない。**究極の現実**に波長を合わせることだ。

　あなたが見て聞いて触れることのできる世界よりも、わたしのほうがはるかに現実なのだよ。

　信仰とは見えない事柄を確認し、五感では感じとれない事実として認め、それが現実であると確信することだ。

◆使徒17・27〜28、ヘブル11・1（AMP）

7月19日

　あなたが味わった思いを、すべてわたしのもとにもってきてごらん。あなたが感じたくなかったものも全部……。

　恐れと不安は、いまだにあなたを苦しめている。感情それ自体は罪ではないが、罪を誘うものになりうる。

　炎を上げて燃える不安の矢が、昼となく夜となくあなたに放たれる。邪悪な者からのこれらの攻撃は、容赦なくあなたを襲う。

　あなたの**信仰を盾として用いて、それらの火の矢を消しなさい**。

　あなたの感情に関係なく、わたしへの信頼を確認しなさい。

それを貫けば、あなたの感情もついにはあなたの信仰と一致するようになるだろう。

あなたの不安を隠したり、感じないふりをするのはやめなさい。

あなたが心の奥深くに隠した不安は、恐れの中の恐れを生み出す——昔話に出てくる怪物のように恐ろしい〝取り替えっ子〟だ。

あなたの心配ごとを、わたしの光の中にもってきなさい。そこでなら、ふたりで一緒に対処できる。

わたしを信頼することに集中しなさい。そうすれば、不安はしだいにあなたの心の中で足場を失っていく。

◆エペソ6・16、Iヨハネ1・5〜7、イザヤ12・2

7月20日

わたしの顔を尋ね求めなさい。そうすればあなたは、これまで望んできたものをすべて見出すだろう。

あなたの心がもっとも深く求めているのは、わたしとの親しい関係だ。

わたしにはよくわかっている。なぜなら、わたしを求めるようにあなたを造ったのだから……。

わたしのもとで静まるための時間をとることに、罪悪感をもたなくていい。

あなたは、自分の内にある神性が引き寄せるのに応えているだけなのだ。

わたしは、あなたを自分のかたちに造り、あなたの心の中に天国を隠した。

あなたがわたしを慕うのは、一種のホームシック——天国にあるあなたの本当の家への憧れなのだ。

人と違うことを、恐れてはいけない。

わたしがあなたに旅するように招いた道は、最高にあなたに合っている。

あなたがわたしの導きにきっちり従えば従うほど、わたしはあなたの賜物を十分に伸ばすことができる。

わたしに心から従うためには、あなたはほかの人たちを喜ばせたいという願いを捨てなければならない。

けれど、あなたがわたしと親しくなれば、この暗い世界であなたが明るく輝くようになることで、ほかの人にも恵みを与えられるのだよ。

◆詩篇42・1〜2、詩篇34・5、ピリピ2・15

7月21日

元気を回復したいときは、わたしのもとで休みなさい。

休息をとるのは、必ずしも怠けることではない。そう受け取っている人は多いけれど——。

わたしの前でくつろいでいるとき、あなたはわたしへの信頼を表明しているのだ。

〝信頼〟は、あなたの人生に対する意味と方向づけを担う豊かな言葉だ。

わたしが望んでいるのは、あなたが**わたしを信じて頼り、ゆだねる**こと。

あなたが支えを求めてわたしに頼るとき、その確固たる信頼がわたしはうれしい。

疲れ果てるとわたしに背を向ける人は、少なくない。

彼らはわたしを責務や勤勉と結びつけて考えているので、仕事を中断して休憩が必要なときは、わたしから隠れようとする。

これが、どんなにわたしを悲しませることか！

わたしが預言者イザヤを通して語ったように、**わたしに立ち返って、わたしのもとで静かにしていれば、あなたは救われる。落ち着いて信頼すれば、あなたは力を得る。**

◆箴言3・5（AMP）、イザヤ30・15（AMP）

7月22日

ほかの何よりもわたしを喜ばせようと努めることで、自由を得なさい。

あなたはひとりしか、師をもつことはできない。

他人の期待の言いなりになっていると、あなたはエネルギーを浪費することになる。

良く見られたいというあなた自身の願いも、同様にあなたのエネルギーを奪い去りかねない。

わたしはあなたの師であり、本来のあなたとは違うものに無理にならせることはしない。

あなたのそうした見せかけは、わたしを不快にする。とくに、わたしが〝業を行っている〟ときは――。

いつもわたしのそばにいることに、主眼を置きなさい。

あなたがわたしに思いを集中しているあいだは、偽りを通すことは不可能だから……。

◆エペソ5・8〜10、マタイ23・8、マタイ6・1

7月23日

わたしは世の光である。

人は暗闇を呪いながら、這《は》うように人生を送っているが、その間もずっとわたしは輝かしい光を放っている。

わたしの願いは、わたしを信じるひとりひとりが光の担い手となることだ。

あなたの内に住まう聖霊は、あなたの顔を輝かせることができるので、まわりの人たちにもわたしが見えるようになる。

今日一日、あなたの道を進むときに、聖霊にあなたの内で生きて働いてくださるようにお願いしなさい。

喜びと信頼をこめて、わたしの手を取りなさい。わたしはあなたのそばを決して離れることはないからだ。

わたしの光はあなたを照らしている。わたしがどういう者であるかを示すことで、この世を明るくしなさい。

◆ヨハネ8・12、マタイ5・14～16、Ⅱコリント3・18、出エジプト3・14

7月24日

感謝の気持ちは、わたしへの扉を開く。

わたしは常にあなたのそばにいる。といっても、あなたの選択の自由は大いに保ってきた。

あなたとわたしの間に扉を置き、あなたにその扉を開け閉めできる権限を与えた。

それを開ける方法はたくさんあるが、感謝の姿勢はもっとも効果的なもののひとつだ。

感謝の念は、信頼の構造の上に築かれる。

感謝の言葉が喉に引っかかるようなら、あなたは自分の信頼の基盤をチェックする必要がある。

あなたの心と唇から感謝が自由にあふれるようになったら、感謝の気持ちに導かれるままにもっとわたしのそばに近づきなさい。

わたしはあなたに、**どんなことにも感謝する**術《すべ》を学んでほしいのだ。

あなたが一日に何回、わたしに感謝できるか確かめてごらん。

こうすることで、実に多くの恵みに気づくようになる。また、試練に襲われたときにその衝撃を和らげてもくれる。

感謝を習慣にすることで、わたしのもとに来ることを実践しなさい。

◆詩篇100・4、Ⅰテサロニケ5・18

7月25日

小鳥が互いに鳴き交わすのを聞くように、あなたへのわたしの愛の呼びかけに耳をすませなさい。

わたしは常にあなたに語りかけている——景色や音色や想いや印象や、聖句を通して……。

わたしがあなたと心を通わせあうための方法はさまざまあって、限りがない。

あなたの役割は、わたしからのメッセージに——それがどんな形で来ても——よく注意していることだ。

あなたがわたしを見つけようとして一日を始め

るとき、世界はわたしの存在によって力強い活気に満ちていることに気がつくだろう。

あなたはわたしを、美しいものや鳥の鳴き声だけではなく、悲しい出来事や悲嘆にくれる人の顔にも見出すことができる。

わたしは深い深い悲しみを取り去って、**その悲しみを幸せの模様に織りこむ**ことができる。

今日一日を過ごすあいだに、わたしとわたしのメッセージを探しなさい。

心を尽くしてわたしを尋ね求めるなら、あなたはわたしを見出すだろう。

◆ヨハネ10・27、ローマ8・28（AMP）、エレミヤ29・13

7月26日

気持ちを楽にして、この日をわたしの導きにゆだねなさい。

わたしは、すべてのことを支配している。わたしの支配下におさめている。

あなたはとかく、目の前の一日を不安げに見つめがちだ。何をしようか、いつしようか決めようとして――。

そうしているあいだにも電話や玄関のチャイムが鳴って、あなたは計画を立て直さなければならない。

計画を立てることばかりに追われ、あなたはすっかり気が散って、わたしから気持ちがそれてしまう。

わたしに注意を注ぐのは、あなたの平穏な時間だけではなく、すべての時間においてだ。

わたしに目を向ければ、わたしはあなたが今、何をしたらいいいか、そして次に何をすべきかを教えよう。

あれこれ取りつかれたように計画を立てることで、膨大な量の時間とエネルギーが無駄になる。〝わたし〟に歩みを導くように任せれば、あなたは解放されて、自由にわたしを楽しみ、今日のあなたのためにわたしが準備したものを見つけられるはずだ。

◆詩篇32・8、詩篇119・35、詩篇143・8

7月27日

希望は、あなたと天国をつなぐ金の糸だ。

あなたはこの糸に助けられて、さまざまな試練にもみくちゃにされているときでさえ、顔を上げて毅然としていられる。

わたしは決してあなたのそばを離れず、あなたの手を放さない。

それでも、この希望の糸がなかったら、わたしと一緒に上《のぼ》り道を行くときに、あなたは頭をがっくりと垂れ、足を引きずって歩くかもしれない。

希望はあなたの視点を、自分の疲れた足から上げ、高みの道から見ることのできるすばらしい眺めへと移してくれる。

そしてあなたは思い起こす――わたしたちが一緒に旅している道は、最後には天国に通じる本道であることを……。

この輝かしい目的地のことを考えるとき、先の道が険しいか平坦か、ということは、あなたにとってさほど重大なことではなくなる。

わたしはあなたに、心の中にふたつの焦点をもつように教えている――いつもあなたとともにいるわたしと、天国の希望と……。

◆ローマ12・12、Ⅰテサロニケ5・8、ヘブル6・18〜19

7月28日

わたしの愛が、あなたの心の奥のくぼみにまで浸みこむように……。

あなた自身のどんな部分もわたしから隠さないようにしなさい。

わたしはあなたの内も外も、すべてを知っている。だから、〝きれいにした〟自分をわたしに見せようとしてはいけない。

あなたがわたしの愛の光から締め出した傷は、膿んでウジがわく。

わたしから〝隠した〟秘密の罪は、分裂して独自の命を育み、あなたに気づかれることなくあなたを支配している。

すべてを変えることのできるわたしに、あなた自身をすべて開いて見せなさい。

わたしのまばゆい愛の光が、隠れた恐れを探し出し、消滅させる。

この措置には、わたしとふたりだけで過ごす時間が必要だ。わたしの愛があなたのもっとも奥深いところまで浸みわたっていくための……。

すべての恐れを締め出すわたしの完全な愛を、享受しなさい。

◆詩篇139・1〜4、23〜24、Iヨハネ4・18（AMP）

7月29日

絶えず、わたしのもとに来るようにしなさい。

わたしはあなたの意識の中枢《センター》、**あなたの魂の錨《いかり》**である。

あなたの心はわたしからさまよい出るが、問題は、どれだけ遠くまでさまようのをあなたが許すか、だ。

錨のロープが短いと、船が漂い出してもぴんと張ったロープがすぐにセンターに引き戻すので、ほんの少ししか船は流されない。

同様に、あなたがわたしから漂い出ても、あなたの内の聖霊が力強く引っぱって、わたしのもとに戻るように促す。

あなたがしだいにわたしになじんでくるにつれ、あなたの魂の錨に結びつけられたロープの長さは短くなっていく。

あなたはほんの短い距離をさまよい出ただけで、内から引っぱられるのを感じ、その声を聞く——あなたの真のセンターであるわたしのもとに戻るように告げるのを……。

◆ヘブル6・19、Iヨハネ2・28、マタイ22・37

7月30日

聖なる美に満ちるわたしを賛美せよ。

わたしは美を、わたしの聖なる存在を表すために創造した。

みごとな薔薇《ばら》の花、息を呑《の》むほどすばらしい夕焼け、大海原《おおうなばら》の壮麗な輝き――こうしたものはすべて、わたしの存在を世界中に示すために造られたものだ。

大部分の人は、わたしが示したこれらのものの前を急いで通り過ぎてしまい、ふたたび考えることもない。

中には、美を――とくに愛らしい女性の魅力を、自分たちの製品を売りこむために利用している者もいる。

自然の美に畏敬の念を抱くわたしの子どもたちは、なんと愛《いと》おしいことだろう。このことで彼らは心を開き、わたしの聖なる存在を受け入れるのだから……。

個人的にわたしを知るまえにもうあなたは、わたしの被造物に対して感嘆の念を抱いていた。この贈り物には、義務がともなう。わたしの栄光の存在を世に示しなさい。**わたしの輝かしい美――わたしの栄光は、全地に満ちている！**

◆詩篇29・2（NKJV）、イザヤ6・3

7月31日

あなたの深いところにいるわたしを信じて、頼りなさい。

わたしはそこにいて、あなたと常に心を通わせている。

あなたは外の世界でイラついて神経がピリピリ

することがあっても、そんな自分に腹を立てるのはよしなさい。

あなたは人間にすぎないのだし、あなたのまわりでめまぐるしく起こる出来事に、時には打ちのめされる思いがすることがある。

あなたの人間的な部分について自分を叱責するよりも、わたしがあなたのそばにいて、同時にあなたの内にもいることを思い起こしなさい。


わたしはいつもあなたとともにいて、責めるよりもむしろ励まし、支えている。

わたしが住まうあなたの奥深いところで、あなたがわたしの平安をずっと味わっていることを、わたしは知っている。

しばらく、あなたの生活のペースを落としてみなさい。

わたしのもとに来て心を静めなさい。

そうすれば、わたしが復活後、弟子たちに与えた祝福のことばを耳にすることができるだろう。

「あなたに平安があるように」、と……。

◆コロサイ1・27、マタイ28・20、ヨハネ20・19

8月

わたしを信じる者は、聖書が言っているとおりに、その人の心の奥底から、生ける水の川が流れ出るようになる

（ヨハネの福音書7章38節）

8月1日

何ものもわたしの愛から、あなたを引き離すことはできない。

この、神による確約があなたの思いを通して、心と魂に少しずつ流れこんでいくように……。

恐れや不安を感じたら、この無条件の約束を繰り返しなさい——〝何ものもあなたの愛から、わたしを引き離すことはできないのですね、イエスさま〟

人間の不幸の大半は、愛されていないと感じるところから始まっている。

人は逆境の最中《さなか》では、愛は引き離され、自分たちは捨てられたのだと感じやすい。

この、捨てられたという思いは多くの場合、逆境そのものよりも悪い。

わたしが自分の子どもたちを、たとえつかのまでも捨てることは絶対にないことを知って安心しなさい。**わたしは決してあなたから離れず、あなたを見捨てない。**

わたしはいつもあなたを見守っている。**わたしはあなたを、わたしの手のひらに刻みつけた。**

◆ローマ8・38〜39、ヨシュア1・5、イザヤ49・15〜16

8月2日

わたしに、もっとも大切な必需品であるあなたの時間をささげなさい。

この行動依存症の世の中では、わたしの子どもたちの中で、わたしのもとで静かに過ごすために時間をとる者はほとんどいない。

けれど、そうする者には恵みが、**生ける水の川**のように流れこむ。

すべての恵みはわたしから流れ出る。そして、わたしたちがともに時を過ごすことで、わたしもまた恵まれる。

これは深い神秘……。解明しようとはしないことだ。

それよりも、わたしを喜ぶことでわたしをあがめなさい。

わたしとの時間を楽しむように、今も、そして永遠に!

◆詩篇21・6、ヨハネ7・38、詩篇103・11

8月3日

自分の言葉に、しっかり注意を払いなさい。言葉には、恵みを与えるにしろ、傷つけるにしろ、そうした大きな力がある。

あなたが不注意なことや否定的なことを口にするとき、相手はもちろん、自分自身をも傷つけることになる。

この言葉で表す能力は、畏怖の念を起させるほどの特権で、わたしが自分のかたちに創造した人間だけに与えたものだ。

あなたがこの偉大な力を責任をもって使いこなすには、助けが必要だ。

世間では機転のきいた素早い応答がもてはやさ

れているが、人とのコミュニケーションに関するわたしの教えはまったく違う――**聞くのに早く、話すのに遅く、怒るのに遅いようにしなさい。**

あなたが話すときはいつでも、聖霊の手助けを願いなさい。

わたしはあなたに、電話に出るときはその前に〝聖霊さま、力を貸してください〟と祈るように教えてきた。この教えが有益だったことは、あなたも見てきたとおりだ。

同じやり方をそのまま、周囲の人たちと意思の伝達をはかるのに応用してみるといい。

彼らが黙っていたら、話しかけるまえに祈りなさい。

先に話しかけられたら、返答するまえに祈りなさい。

ほんの一瞬の祈りだけれど、それはあなたをわたしとふれあわせてくれる。

この方法なら、あなたの言葉は聖霊の支配下に置かれる。

ポジティブな話し方があなたのネガティブな話し方にとってかわるにつれて、あなたの喜びは驚くほど増していくはずだ。

◆箴言12・18、ヤコブ1・19、エペソ4・29

8月4日

わたしの手を握り、わたしとともに楽しんで、この日を歩もう。

ふたり一緒に喜びを味わい、今日がもたらす困難に耐えていこう。

わたしがあなたのためにに備えたすべてのものに

目を向けてごらん——息を呑むほど美しい風景。思いきった冒険をしたときのすがすがしい風。疲れきったときにほっとできる心地よい部屋の片隅……ほかにも、たくさんある。

わたしはあなたの導き手であり、常に変わらぬあなたの道連れだ。

わたしはあなたの旅路の一歩一歩を——天国に至るすべての道程を知っている。

あなたは、わたしのそばにとどまるか、本道を離れないようにするかを選択する必要はない。**わたしは道であるから、**わたしのそばにいることが、本道を離れないことなのだ。

あなたがわたしに思いを集中すれば、わたしは今日の行程にそってあなたを慎重に導いていく。

次の角を曲がったところに何があるか、あなたは心配しなくてもいい。

わたしといることを楽しみ、わたしと歩みつづけることにだけ、心を集中しなさい。

◆ヨハネ14・6、コロサイ4・2

8月5日

わたしのもとに来て静かに座り、わたしの恵みを受けなさい。

あなたの心を静かな池のように整えて、わたしの注ぎこむどんな思いも受け止められるように……。

この日がどんな難題をもたらしてくるか考えるときも、わたしの豊かさの中で心を落ちつけなさい。

プレッシャーを切り抜けられるかどうか心配し

て、疲れはててしまわないこと――。

常にわたしを見つめ、わたしと心を通わせて、この日を一緒に歩き抜こう。


道の途中でひと休みする時間を取ろう。わたしは先を急いではいないから――。

ゆったりしたペースのほうが、早く早く、とがんばるよりも成果は上がる。

急いで焦っているときのあなたは、自分が何者なのか、誰のものなのかを忘れてしまう。

あなたはわたしの王国の、王族であることを忘れてはならない。

◆詩篇37・7、ローマ8・16〜17、Ⅰペテロ2・9

8月6日

物事が何もかもうまくいかないように思えるときは、いったん立ち止まってわたしへの信頼を確認しなさい。

それらの事柄をわたしのもとに携えてきて、わたしの万能の手にゆだねなさい。

そして、次のことに取りかかること――。

感謝と信頼の祈りによってわたしとふれあい、わたしの絶対的な支配にまかせて疲れをいやしなさい。

わたしを喜び、あなたの救いの神に、歓喜の声をあげなさい！

あなたがわたしを信頼すれば、**わたしは、あなたの足を雌鹿のようにする。**悩みごとや苦難、責

務の高所を、あなたが歩み、前へ進んでいけるようにする。

◆ヨブ13・15（NKJV）、詩篇18・33、ハバクク3・17〜19（AMP）

8月7日

何かを理解したからといって、それで平安がもたらされることは、絶対にない。

それだからわたしは、**あなたの分別には頼らず、わたしに信頼しなさい**と教えているのだ。

人間には、物事をなんとしても理解したいという貪欲な欲求がある。そうすることで、自分の人生は自分が支配しているという意識をもちたいからだ。

ところがこの世界はあなたに、次から次へと問題をもたらす。

ようやくひとつを片づけたと思ったとたん、また次の問題が現れ、あなたに挑みかかる。

あなたの期待していた安堵感は、つかのましかもたない。

またすぐに、あなたの心はギアを入れて準備にとりかかる――わたし（真の支配者であるあなたの主）を求めるのではなく、理解（支配）を求めて……。

すべての人間の中でいちばんの賢者だったソロモンでさえ、自分のやり方で考えぬいても平安に達することはできなかった。

彼の膨大な理解力がもたらしたのは、達成感よりも無力感だった。

ついに彼は道を迷い、偶像を礼拝することで妻たちの意思に屈服したのだ。

わたしの平安は、入り組んだ迷路の中心に隠されたとらえどころのないゴールではない。

実際には、あなたはいつも平安に包まれている。

それはわたしに本来備わっているものだから……。

わたしに目を向ければ、あなたはこのかけがえのない平安に気づくはずだ。

◆箴言3・5〜6、ローマ5・1、IIテサロニケ3・16

8月8日

わたしはあなたに、もっとも深淵にある天国から語りかける。

あなたが聞くのは、あなたの心の奥底にいるわたしの声だ。**深淵が深淵を呼び起こす。**

あなたは、こんなにもじかにわたしの声を聞くほど恵まれている。

この特権を、当然のことのように思ってはならない。

いちばんいいのは、感謝に満ちあふれた心で応えることだ。

わたしはあなたに、感謝にあふれた心の姿勢を養うように教えている。

これは、**堅固な岩の上に**あなたの**家を建てる**ようなものだ。**人生の嵐が襲っても、あなたを揺るがすことはできない。**

これらの教えを学びながら、あなたはほかの人々にもそれを教えることができる。

わたしはあなたの前に道を開いていく。一度に一歩ずつ……。

◆詩篇42・7（NKJV）、詩篇95・1～2、マタイ7・24～25

8月9日

わたしの義の衣を、楽な気持ちで身にまといなさい。

わたしは、あなたを頭から爪先まですっかり覆えるように、特別あつらえでこれを仕立てた。

この衣にわたしが支払った代価は膨大なもの――わたし自身の血だ。

あなたはこうした王の衣を、自分の力では決して買うことはできない。あなたがどんなに必死に頑張っても……。

あなたはときおり、わたしの義が贈り物であることを忘れてしまい、王の衣を着ているのが落ち着かない気分になることがある。

あなたが、なめらかな布に覆われていながら、チクチク肌を刺す麻の粗布《あらぬの》か何かのように身をよじらせているのを見ると、わたしは涙が出る。

あなたがわたしの王国で特権ある地位に着いているのだと理解できるように、しっかりわたしを信頼してほしいのだ。

たっぷりと襞をとった衣をまとい、心も身体もゆったりと休めなさい。

わたしにしっかりと目を据えて、この義の衣を着て歩むのを習慣となさい。

あなたの行いがわたしの王国のものにふさわしくなくても、王の衣を脱ぎ捨てようとはしないこあなたの思いがもっともっとわたし中心になっていくにつれ、信頼が恐れと不安にとってかわる。あなたの心はどこかシーソーに似ている。わたしへの信頼が上がれば、恐れと不安は自動的に下がる。

わたしと過ごす時間は、あなたの信頼を増すだけではない。あなたが、重要なものと重要ではないものを見分けるのにも役立つ。

エネルギーと時間は、限りある貴重な存在だ。だからあなたは、本当に重要なものに集中して、これらを賢く使う必要がある。

あなたが心に聖句をいっぱいに浸みこませて、わたしのそばで歩むなら、わたしはあなたに、どうやって時間とエネルギーを使うかを教えよう。

わたしはあなたの道の光、わたしのことばは、あなたの歩みを照らす灯《ともしび》。

と――。

かわりに、不義の行いのほうを捨てなさい。

そうすればあなたは、この輝かしい衣を着ていても心安らかでいられる。天地創造の前にわたしがあなたのために造りあげた贈り物を楽しみながら……。

◆イザヤ61・10、IIコリント5・21、エペソ4・22～24

8月10日

癒し聖めるわたしのもとに来て、楽になりなさい。

この時をわたしとふたりだけで過ごすことによって、わたしがあなたをすっかり変えられるように……。

◆エペソ5・15〜16（NKJV）、詩篇119・105

8月11日

わたしのもとに来なさい……わたしのもとに来なさい……わたしのもとに来なさい。

これは、聖なるささやきによって告げる、わたしからの絶え間ない招きだ。

あなたの心が静まっているとき、わたしが〝そばにおいで〟、と招く声が聞こえる。

わたしの近くに来ることは、あなたの側にとってはなんの大変な努力もいらない。

むしろ、わたしの愛が磁石のように引きつけるのに抗《あらが》うのをやめる、というほうが近いだろう。

わたしの愛にあなた自身を開いて、わたしの豊かさに満たされなさい。

わたしはあなたに、**あなたへのわたしの愛がどれほど広く、長く、高く、深いか**を経験して、**人の知識をはるかに超えるわたしの愛**を知ってほしいのだ。

この広大な大海原《おおうなばら》のような愛は測ることも説明することもできないが、体験することはできるのだから……。

◆黙示録22・17、ヨハネ6・37、エペソ3・16〜19

8月12日

あなたが弱さと疲れを感じているときは、**わたしのもとに来なさい。**

わたしの永遠の腕に心地よく抱かれて、憩いなさい。

わが子よ、わたしはあなたの弱さを見下したりはしない。

それどころか、あなたの弱さは、わたしにあなたをいっそう近づけてくれる。わたしの哀れみを――助けたいという切なる願いを、かきたてるからだ。

疲れきった自分を受け入れ、あなたの旅がどんなに困難なものだったか、わたしにはちゃんとわかっていることを知りなさい。

自分をほかの人と――人生行路をスキップしながらすいすい歩んでいるように見える人たちと、比べないこと。

彼らの旅はあなたとは違う。わたしは彼らに、ありあまるほどのエネルギーを与えた。

あなたには弱さを与えた。あなたの魂がわたしのもとで花開くためのチャンスをもたらすために……。

この贈り物を、神聖な宝物として受け入れなさい――傷つきやすいけれど、まばゆい光を受けて燃えるように輝いている宝として……。

自分の弱さを隠したり、拒否しようとやっきになるよりも、その弱さを通してわたしが与える恵みを豊かに受けなさい。

◆イザヤ42・3、イザヤ54・10、ローマ8・26

8月13日

人生をもっと楽しみなさい。

緊張をほぐして、わたしが**あなたとともにいる神**であることを思い起こしなさい。

わたしはあなたを造るときに、わたしを知り、わたしの存在を楽しめる途方もない能力を授けた。

わたしを信じる人々が不機嫌そうな顔をしたり、投げやりな厳格さで世を渡っているのが、わたしには不満だ。


あなたが子どものような喜びを抱き、ひとつひとつの恵みを味わいながら一日を歩むとき、それは、あなたの羊飼いであるわたしへの信頼の表明となる。


あなたとともにいるわたしの存在に心を向ければ向けるほど、あなたはますます豊かに人生を楽しめるようになる。

わたしを楽しむことを通して、わたしをあがめなさい。

それによってあなたは、様子を見ている世界にわたしの存在を証しすることになる。

◆マタイ1・23、ヨハネ10・10〜11

8月14日

わたしは、永遠にあなたのもの……。**わたしはアルファであり、オメガである。今も昔もいて、やがて来る者である。**

あなたが住んでいる世界は、絶え間なく変化している——それも、あなたの心が衝撃を受けずに対応できる以上の変化だ。

あなたの魂が宿っている身体でさえ、容赦なく変わりつづけている。現代の科学が、若さと命を無限に延ばそうと試みているにもかかわらず……。

しかし、わたしは昨日も今日も、そして永遠に変わることはない。

わたしは決して変わらないから、わたしとの関係はあなたの人生に、岩のように堅固な土台をもたらす。

わたしは決して、あなたのそばを離れない。

あなたがこの人生から次の人生へと移るとき、あなたに付き添うわたしは、一足ごとに光を増していく。

あなたは何も恐れなくていい。いついかなるときも、永遠に至るまでわたしがついているから……。

◆黙示録1・8、ヘブル13・8、詩篇102・25〜27、詩篇48・14

8月15日

わたしは、すべての時間と被造物の神である。


朝の静けさの中だけでなく、一日中ずっとわたしを尋ね求めなさい。

予想外の問題が起きたからといって、わたしから気持ちをそらされないように——。

それよりも、どんなこともわたしに話して、わたしがこれからすることを信頼して見ていなさい。

逆境にわたしとの結びつきを妨げられることがあってはならない。

物事が〝うまくいかない〟とき、あなたはまるで自分が罰せられているような反応をしやすい。

こうしたネガティブな反応をするかわりに、困難は形を変えた恵みなのだ、と考えるように努めなさい。

どんなときにもわたしに信頼し、わたしに心を注ぎ出すことで、わたしをあなたの避けどころと

しなさい。

◆詩篇55・17、詩篇32・6、詩篇62・8

8月16日

早朝の輝きの中でわたしと会おう。わたしはここで、あなたの来るのを熱い思いで待っている。わたしと過ごすこの聖なる時間の静けさの中で、**わたしはあなたの力を新たにし、**あなたを平安で満たす。

ほかの人がもうひと寝入りしようと寝返りをうったり、心配そうに最新のニュースにチャンネルを合わせているとき、あなたは天地の創造主と心を通い合わせている。

わたしはあなたの心の中に、わたしを知りたいという強い願いを目覚めさせた。

この願望はわたしが点火したものだが、今はあなたの中で熱く燃えている。

あなたがわたしの愛の呼びかけに答えて、わたしの顔を慕い求めるとき、わたしたちはふたりとも恵みを受ける。

これは深遠な神秘だ——あなたの理解のためというよりは、あなたを楽しませるために意図されたもの……。

わたしは楽しみを認めないような気難しい神ではない。

わたしを喜ばせるのは、あなたが**すべての真実なこと、高潔なこと、正しいこと、清いこと、愛すべきこと、称賛に値すること**を楽しむことだ。**これらのことを心に留めなさい。**そうすれば、あなたの内にあるわたしの光は、日ごとにますます明るく輝いていく。

◆イザヤ40・31、詩篇27・4、ピリピ4・8

8月17日

大渦巻のような激しい混乱の最中《さなか》に、わたしを見出しなさい。

時にはあなたの回りでさまざまな出来事が目まぐるしく起こり、視界がかすんでしまうことがある。

わたしがまだあなたのそばにいるか確かめるために、わたしの名前をささやいてごらん。

手が離せないほど忙しい状態でも、わたしの名を祈ることで、あなたは力と平安を見出す。

そのあと、事態が自然な経過をたどっていったとき、あなたはもっと十分にわたしと話すことができる。

一日一日を訪れるままに受け入れなさい。

いっそ状況が変わってくれたら、などと思って、時間とエネルギーを無駄にしないこと——。

それよりもわたしを信頼して、わたしの計画と目的に従いなさい。

何ものもわたしの愛からあなたを引き離せないことを、心に留めて——。

あなたはわたしのものなのだから……。

◆ピリピ2・9〜11、イザヤ43・1

8月18日

人生において、逆境に遭遇することも予想しておきなさい。あなたはひどく堕落した世界に住んでいるのだということを忘れずに……。

困難を回避できる道を探そうとするのはやめなさい。

ラクな人生のおもな問題点は、あなたがわたしを必要としていることが隠れて見えなくなってしまうことだ。

わたしは、あなたがクリスチャンになったとき、わたしのいのちそのものをあなたに注ぎこみ、わたしに頼ることによって超自然的なレベルで生きられる力を与えた。

不可能なこと――対処しようとしてまったく歯が立たない状況に直面することを、覚悟しておきなさい。

こんなふうに自分の無力さに気づくことを、避けようとしなくていい。

そうした事態こそ、まさにわたしがあなたに望むところ――**栄光と力**に満ちたわたしと出会う最適な場所なのだ。

困難という軍隊があなたに向かって進撃してきたら、大声でわたしを呼びなさい！

あなたに代わってわたしが戦えるように……。

そして**全能のわたしの陰に身を寄せて休み**ながら、あなたのためにわたしが働きかけるのを見守っていなさい。

◆黙示録19・1、詩篇91・1

8月19日

わたしはずっとあなたを、わたしと親しくなるように招いている。

あなたがどれだけ深く、どれだけ広くわたしを必要としているか、わたしは知っている。

わたしからさまよい出たときのあなたの想いのむなしさも、読みとることができる。

わたしはあなたの魂に休息を与えるだけでなく、あなたの心と身体を回復させる。

あなたがわたしにさらに充足感を見出すようになるにつれて、ほかの楽しみはしだいに重要度が薄れてくる。

わたしを親しく知ることは、あなたの内に自分だけの喜びの泉をもつようなものだ。

この泉は、わたしの恵みの王座から豊かにあふれ出ている。だから、あなたの喜びは状況に左右されない。

わたしのもとで静かに待つことで、あなたはわたしとのつながりを保ち、わたしが与えるものすべてに気づく。

何か欠けているものがあると感じたら、あなたの注意をわたしに向け直しなさい。そうすればあなたは、人生のいかなる瞬間にもわたしに信頼できるようになる。

◆詩篇131・2、詩篇21・6、詩篇37・7

8月20日

わたしは、癒す神である。

わたしは弱った身体を回復させ、打ちひしがれた気持ちを励まし、傷ついた心を癒し、破綻した生活を修復し、断ち切られた関係を元に戻す。

わたしのもとには、はかりしれない癒しの力がある。

あなたがわたしのそばで生きるとき、ある程度の癒しは必ず経験するはずだ。

とはいえ、**得られないのは、願い求めないから**というのも確かに事実だ。

あなたは自分から求めようと求めまいと、わたしのもとから自然にあふれ出る癒しを受け取ることができる。

けれど求める者にはそれ以上――もっともっと、たくさん与えられる。

癒しを受ける最初の一歩は、わたしのすぐそばで生きること――。

これを実践する利点は、たくさんありすぎて挙げきれない。

あなたがわたしとさらに親しくなるにつれ、わたしは自分の意思をもっと直接、あなたに明かすようになる。

機が熟したら、わたしはあなたに、自分だけでなく他人の傷の癒しを求めるよう促す。

癒しは瞬時に与えられる場合もあれば、一定の経過をたどる場合もあるだろう。

それはわたし次第だ。あなたの役目は、わたしを十分に信頼し、わたしが癒しの作業を始めたことを感謝すること。

わたしが、人の一生のすべての傷を癒すことはめったにない。

わたしのしもべのパウロでさえ、**肉体のとげの癒しを求めたときに、わたしの恵みはあなたに十分である**、と言われたのだ。

といっても、わたしと深くつながった人生を送る者には、多くの癒しが用意されている。**求めな**

さい。そうすれば与えられる。

◆詩篇103・3、ヤコブ4・2（KJV）、Ⅱコリント12・7〜9、マタイ7・7

8月21日

しばらく、わたしのもとで一緒に静かな時を過ごそう。

あなたに話したいことがたくさんある。

あなたは、わたしがあなたのために選んだ道を歩んでいる。

それは特権であると同時に、危険な道でもある——わたしの栄光に満ちた存在を知り、その事実を人々に告げること。

ときどきあなたは、自分がそうした任務を行うなんておこがましいんじゃないか、と感じることがある。

ほかの人があなたのことをどう思うかなんて、気にする必要はない。

わたしがあなたの内に行っている業《わざ》は、最初は目につかない。

けれどいつかは大きく花開き、豊かな実を結ぶ。

わたしと一緒に、いのちの道を歩みつづけよう。

心からわたしに信頼し、聖霊によって喜びと平安に満たされて……。

◆Ⅰ列王8・23、ガラテヤ5・22〜23

8月22日

わたしを信頼し、恐れを捨てなさい。

試練は、わたしに信頼する〝筋肉〟を鍛えるために組まれた練習メニューだと考えなさい。

あなたは、苛烈な霊的戦争のまっ只中《ただなか》で生きている。恐れは、サタンのお気に入りの武器のひとつだ。

恐れを感じはじめたら、わたしへの信頼を思い起こしなさい。

状況が許せば、声に出してもいい。**わたしの名前によって悪魔に反抗しなさい。そうすれば、悪魔はあなたから逃げていく。**

わたしの聖域で元気を取り戻し、わたしへの賛美を語り、歌いなさい。

わたしの顔は、まばゆいばかりに輝いてあなたを照らす。

わたしに結ばれている者は、決して罪に定められることはないということを心に留めなさい。

あなたは永遠に〝無罪〟の判決を下されたのだ。

わたしを信頼して恐れを捨てなさい。わたしこそあなたの力、あなたの歌、あなたの救いなのだから。

◆ヤコブ4・7、ローマ8・1〜2、イザヤ12・2

8月23日

あなたの愛する人々をわたしに託し、手を離してわたしの保護にゆだねなさい。

わたしといるほうが、あなたがきつく手を握りしめているよりもずっと安全なのだから……。

もしもあなたが自分の心の中で愛する人を偶像化してしまったら、あなたばかりか、その人までも危険にさらすことになる。

わたしがアブラハムとイサクに対して取った強硬手段を、思い出してみなさい。

わたしは、アブラハムを息子崇拝から解き放つために、イサクをまさに死の寸前まで追いつめた。アブラハムもイサクも、自制心を欠いた父親の息子に対する感情にふりまわされてひどく苦しんだ。

わたしは偶像崇拝を忌み嫌う。たとえそれが親の、子に対する愛情という形をとっていても……。

愛する人たちを手放してわたしに託したら、遠慮なくわたしの手を握りしめてごらん。

あなたがわたしに任せれば、わたしは心おきなく彼らに恵みを注ぐことができる。**彼らがどこへ行こうとも、わたし自身が一緒に行って、彼らを休ませよう。**

この同じ〝わたし〟は、ずっとあなたのそばにいる——あなたが心を休め、わたしに信頼を置くかぎり……。

わたしがこれから行うことを見ていなさい。

◆創世22・9〜12、エペソ3・20、出エジプト33・14

8月24日

わたしはいつもあなたを包みこんでいる。あなたがわたしの顔を尋ね求めているときでさえ、あなたの頭上にいる。

わたしはあなたが信じられないほど近くに、あなたが呼吸している空気よりもあなたのそばにいる。

わたしの子どもたちがわたしの存在に気づきさえすれば、もう二度とひとりぼっちだと感じることはないのに……。

わたしはあなたが思う前から、すべての想いを知っている。あなたがひと言も口にしないうちから、すべてをわかっている。

わたしの存在は、あなたのもっとも奥深いところに影響を与えている。

わたしに何かを隠そうとするのがどんなに愚かなことだか、わかるだろうか。

人をだますのはたやすい。自分のことも、簡単にだませる。

けれどわたしはあなたのことを、活字の大きな本を広げているかのように、すらすらと読み取ることができる。

大部分の人は心の深いところで、すぐ近くにいるわたしの存在に何となく気づいている。

わたしから逃げたり、わたしの存在を激しく否定したりする人は少なくない。それは、わたしがすぐそばにいると思うと恐ろしくなるからだ。

けれどわたしの子どもたちは、何も恐れることはない。なぜなら、わたしは彼らを自分の血で清め、わたしの義の衣をまとわせたのだから……。

わたしがともにいて親しくふれあうことで、恵みを受けなさい。

わたしはあなたの内に生きている。だから、同時にわたしがあなたを通して生き、わたしの光を闇の中に輝かせられるようにしなさい。

◆詩篇139・1〜4、エペソ2・13、Ⅰコリント5・21

8月25日

わたしは永遠の、「**わたしはある**」という神だ。わたしはこれまでずっとあり、これからもずっとありつづける。

あなたはわたしのもとで、愛と光、平安と喜びを経験する。

わたしはあなたのすべての瞬間に、密接にかかわっている。そしてどんなときにもわたしに気づくように、あなたを訓練している。

あなたに課せられているのは、この訓練の過程でわたしに協力することだ。

わたしはあなたの内にずっと住んできた。わたしは、あなたのいちばん奥深いところの中心《センター》にいる。

あなたの心は何度も、その聖なるセンターからはずれてしまう。

けれど、ずっとわたしに集中しつづけられないからといって心配することはない。

あなたの思いがさまよい出したら、そのたびにわたしのもとに戻すだけでいいのだから……。

あなたの心をわたしに向け直すいちばん早い方法は、わたしの名前をささやくことだ。

◆出エジプト3・14、Ⅰコリント3・16、詩篇25・14〜15

8月26日

どんなに〝めちゃくちゃな〟日でも、わたしを信じて頼りなさい。

あなたの内の静けさ（わたしのもとで得られるあなたの平安）は、あなたの周囲の出来事に揺るがされることはない。

あなたはこの、つかのまの世界で生きているけれど、あなたのもっとも内なる部分は永遠に根ざしている。

ストレスを感じはじめたら、あなたのまわりの騒ぎから自分を切り離してごらん。

自分の小さな世界を思いどおりにちゃんと保とうとして必死になるよりも、肩の力を抜いて、わたしの平安は、回りで何があっても影響されないことを思い出しなさい。

わたしの顔を慕い求めなさい。そうすればわたしは、あなたと心を分かち合い、あなたの目を開いて、わたしの視点で物事が見られるようにする。

心を騒がしてはならない。恐れてはならない。わたしが与える平安は、あなたにとって十分だからだ。

◆ヨハネ16・33、詩篇105・4、ヨハネ14・27

8月27日

わたしと一緒にいられる純粋な喜びを求めて、わたしと時を過ごそう。

わたしは、単調そのものの灰色の日々も、明るく輝かせることができる。日常の雑事にも煌《きら》めきを加えられる。

あなたは実にたくさんの仕事を毎日毎日、繰り返さなければならない。

この単調さはあなたの思考を鈍らせ、いつしか心が動かなくなってしまう。

焦点の定まらない心は、〝この世界の価値観とさまざまな欲望とサタン〟の誘惑に負けやすくなる。そのどれもが、あなたの思いを堕落させる影響力を及ぼす。

あなたは、思考作用が衰えるにつれ、方向を見失っていく。

その最良の治療法は、あなたの心の焦点を再びわたしに合わせることだ。あなたのずっと変わらぬ道連れであるわたしに……。

どんなに混乱した大変な日であっても、わたしとともに一歩一歩進んでいけば、あなたの前に開けてくる。

わたしはあなたが行くところどこにでも行き、**あなたの道を照らす光**となる。

◆詩篇63・7〜8、詩篇119・105

8月28日

わたしの光を受けて、強く成長しなさい。

わたしの顔の光に照らされると、あなたは恵みのうちに成長を促進する滋養物を与えられる。

わたしはあなたを、わたしとじかに心を通わせ合うように造った。この交流によって、あなたの魂は強められる。

そんなふうに心が通じ合うことで、天国であなたを待ち受けているものを、かいま見ることができる。そこでは、あなたとわたしの栄光を隔てる障壁は、すべて取り除かれる。

わたしと過ごす、この瞑想の時間は、あなたに二倍の恵みを与える――あなたは、今ここでわたしの存在を経験するだけでなく、天国への希望によって新たな活力を与えられる。

天国で、あなたは至福の喜びに包まれて、わたしを知るだろう。

◆詩篇4・6〜8、黙示録21・23

8月29日

わたしのもとで静かに座って、あなたのわたしに対する信頼を表しなさい。

やらなければならないことはすべて脇へ置いて、何事も思い悩まないように――。

ふたりで過ごすこの聖なる時間はあなたを強め、この日がどんなことをもたらしても立ち向かえるように備えさせてくれる。

今日の活動を始めるまえにわたしと待つことで、あなたはわたしが生きて存在しているという事実を表明しているのだ。

この、信仰による行い（仕事をする前に静かに待つこと）は、霊的な世界に記される。そこでは、あなたの信頼の表明によって、**暗闇の世界の主権と力**を弱めることができる。

邪悪なものに対抗するもっとも効果的な方法は、わたしのそばに近づくことだ。

あなたが行動を起こす必要があるときは、わたしは、聖霊とわたしのことばを通してはっきりとあなたを導く。

この世の中はあまりにも複雑で過度な刺激にあふれているので、あなたはたやすく方向感覚を失ってしまう。

そのために無用の行動を数えきれないほど繰り返し、エネルギーを浪費する。

あなたがわたしと時間を過ごすとき、わたしはあなたの方向感覚を回復させる。

導きを求めてわたしに心を向けるなら、わたしはあなたを、〝少なく行《おこな》って多く達成できる〟ようにする。

◆ルカ12・22〜26、エペソ6・12、箴言16・3

8月30日

どれほど荒涼とした場所でも、あなたがわたしを見出せないところはひとつもない。

女奴隷のハガルが、女主人のサラのもとから荒野に逃れてきたときは、本当にひとりぼっちで見捨てられた、と思っていた。

けれどハガルは、その荒涼とした場所でわたしと出会った。

そこで、彼女はわたしを、**生きてわたしを見ておられる方**と呼んだ。

その、わたしとの出会いを通して、ハガルは女主人のもとに戻る勇気を得たのだ。


いかなる状況も、愛にあふれたわたしのもとからあなたを引き離すことはできない。

わたしはあなたをいつも見ているだけではなく、罪を贖《あがな》われた聖徒として見ている。わたしの義の衣をまとって、まばゆいばかりに輝く聖徒として……。

だからこそ、**わたしは大きな喜びをもってあなたのことを楽しみ、高らかに歌ってあなたのことを喜ぶ！**

◆創世16・7～14（AMP）、詩篇139・7～10、ゼパニヤ3・17

8月31日

あなたの弱さによって、強くなりなさい。

わたしの子どもたちの中には、ありあまるほどの力とスタミナを与えられた者がいる。

また、あなたのように、か弱さという慎ましい贈り物を受け取った者もいる。

あなたの弱さは何かの罰ではないし、信仰が欠けていることを示すものでもない。

それどころか、あなたのような弱い人は、一日を切り抜けるためにはわたしを頼って、信仰によって生きなければならないのだ。

わたしは、あなたが自分の判断力を当てにするよりも、わたしに信頼し、わたしを頼みにする能力を育んでいる。

あなたはもともと、自分で一日の計画を立て、いつ何が起きるかを知っているほうが好きなのだ。

わたしは、あなたが常にわたしを頼り、必要なだけ導きと力を与えられるようわたしに託すことを好む。

これこそが、あなたが自分の弱さによって強くなる方法なのだから……。

◆ヤコブ4・13～15、箴言3・5（AMP）、イザヤ40・28～31

9月

わたしは、世の光です。わたしに従う者は、決してやみの中を歩むことがなく、いのちの光を持つのです。

（ヨハネの福音書8章12節）

9月1日

わたしを、あなたの全身全霊で求めなさい。

わたしはあなたに見出されることを願っている。そしてその目的を念頭に置いて、あなたの人生に起こる出来事を編成している。

物事がうまくいって恵みを受けているとき、あなたはわたしが微笑みかけているのを感じるだろう。

人生の旅路で難所にさしかかったときは、わたしの光がずっとあなたを照らしつづけていることを確信しなさい。

こうした逆境をわたしが許している理由は、謎に包まれているように見えるかもしれないが、わたしがずっとあなたとともにいることは、絶対的な約束なのだ。

順調なときはわたしを求めなさい。つらいときも、わたしを求めなさい。

あなたは、いついかなるときも、わたしがあなたを見守っていることに気づくはずだ。
◆申命4・29、ヘブル10・23、詩篇145・20

9月2日

わたしに頼って生きることは、すばらしい冒険だ。

ほとんどの人は、自分自身の力と能力によって物事を成し遂げようとして、せわしなく動きまわっている。

とてつもない成功をおさめる人もいるし、みじめに失敗する人もいる。

けれどもどちらに属する人も人生の意味（わたしと協調して生き、働くこと）を見失っている。

あなたが継続的にわたしを頼るようになると、あなたの物の見方はがらりと変わる。

あなたは、いたるところで奇跡が起こるのを目にする。一方、ほかの人は単なる自然現象か、〝偶然の一致〟しか見ない。

あなたは期待に胸をふくらませて一日を始め、わたしの行うことにじっと目をこらす。

そして、弱さをわたしからの贈り物として受け入れる。**わたしの力は弱さの中でこそ、十分に発揮される**からだ。

あなたは、自分が計画してもすぐに実行しないで、仮の計画にとどめておく。わたしの計画のほうがはるかにすぐれていることを知っているからだ。

あなたは、意識してわたしの中に生き、動き、存在している。わたしがあなたの内で生きることを願いながら……。

わたしがあなたの内にいて、あなたがわたしの内にいる。これこそ、わたしがあなたと深く心を通わせながら進んで行く冒険の旅なのだ。

◆Ⅱコリント12・9〜10、使徒17・28、
コロサイ2・6〜7、ヨハネ14・20

9月3日

わたしのもとにきて、朝露のさわやかさで心をよみがえらせなさい。

お手軽なつきあいばかりのこの複雑な世の中で、

おびただしい事柄があなたの注意を求めて、張りあっている。

心を静め、わたしこそが神であることを知れ、とわたしが最初に命じてから、世界はとてつもなく変化した。

けれど、時間を超えたこの真理は、あなたの魂の安寧には欠かせないものだ。

露が、静かな夜のあいだに草や花をみずみずしくよみがえらせるように、あなたも、わたしのもとで静かに座っているあいだに新たな活力を与えられる。

生き生きとよみがえった心は、重要なものと、そうでないものとを選り分けることができる。

自然な状態だと、あなたの心はささいなことで簡単に行きづまってしまう。

泥道にはまって空回りしている車輪のように、あなたの脳の歯車も、あなたが取るに足らない事柄にとらわれているときは、むなしく回るだけ……。

その問題について、あなたがわたしと心を通わせはじめたとたん、あなたの思いはぬかるみから引き出され、もっと重要なことへと前進できる。

常にわたしと心を通わせていなさい。そうすればわたしは、わたしの思いをあなたの心に注ぎこんでいく。

◆詩篇46・10、ルカ10・39〜42、Ⅰコリント14・33（NKJV）

9月4日

わたしの近くにいれば、あなたは安全だ。

わたしと親しく心を通い合わせることで、あなたは元気を得られる。

わたしが近くにいるのを感じていれば、あなたは世界のどこにいても、自分が誰のものかを知ることができる。

〝アダムとエバの堕落〟以来、人間はぽっかりと口を開けた空虚感を抱いてきた。それは、わたしの存在しか満たすことのできないものだ。

わたしはあなたを、あなたの造り主との深い絆を求めるように創造した。

邪悪な者がアダムとエバを欺く前に、エデンの園をふたりとともに歩くのを、わたしはどれほど楽しんだことだろう！

あなたの心の園《その》で、あなたがわたしと親しくふれあうとき、わたしたちはどちらも恵みを受ける。


これが、この世におけるわたしの——あなたを通しての！——いのちの道だ。

わたしとあなたはふたりで、暗闇を押し返す。

わたしは世の光なのだから……。

◆詩篇32・7、創世3・8〜9、ヨハネ8・12

9月5日

わたしは、あなたの王であるだけではなく、あなたの最良の友でもある。

わたしと手を携《たずさ》えて、あなたの人生を歩もう。

ふたり一緒なら日々、何が起きても立ち向かえる——喜び、苦難、冒険、失望……。

わたしと分かち合えば、無駄になることはひとつもない。

わたしは、失った夢の**灰の中から、美しさを引き出すことができる**。

悲しみの中から喜びを集め、逆境の中に平安を見出す。

この、神の錬金術を成し遂げることができるのは、王の王でもある友ただひとり――。

わたしのような者は、ほかにいない！

わたしがあなたに与える友情は実際的で、地に足がついたものだが、天の栄光に満たされている。

わたしのもとで生きることは、同時にふたつの世界で生きることを意味する――見える地上の世界と、目に見えない永遠の現実と……。

わたしはあなたに十分な備えをした。ほこりまみれの世俗の道を歩みながら、ずっとわたしのことを感じていられるように……。

◆ヨハネ15・13〜15、イザヤ61・3、Ⅱコリント6・10

9月6日

何をするにも、わたしに頼りなさい。

自立して――わたしから離れて――行動したい、という願いは、うぬぼれの根から芽を出す。

自信過剰は、あなたがそれと気づかないうちに、あなたの思いと行動に巧妙に入りこんでいく。

けれど**わたしを離れては、あなたは何もできない**――永遠の価値のあるものは、何ひとつ……。

わたしはあなたが、どんな状況でもわたしに頼ることを学ぶように深く願っている。

わたしはこの目的を達成するために天と地を動

かしているが、あなたもこの教えを学んでわたしに協力しなければならない。

もしもわたしがあなたの自由意思を否定したり、わたしの力であなたを抑えつけたりすれば、あなたを教えることは簡単だろう。

けれどもわたしは、あなたをあまりにも愛しているので、自分のかたちに創造したあなたに授けた神のような特権を取り上げることはできない。

わたしを常に頼りにすることで、あなたの自由を賢明に用いなさい。

そうすればあなたはわたしのもとで、わたしの平安を満喫することができるからだ。

◆ヨハネ15・5、エペソ6・10、創世1・26〜27

9月7日

あなたを照らしているわたしの光の温かさを味わいなさい。

わたしの愛の光に浸って、あなたの顔がほころぶのを感じなさい。

わたしは、あなたが想像もつかないほど、あなたのことを喜んでいる。

わたしは常にあなたのことを認め、よしとしている。あなたが**わたしの義の衣をまとい**、わたしの光に覆われているのが見えるからだ。

わたしを身にまとう者は、罪に定められることはない！

だからこそわたしは、クリスチャンのあいだで罪の意識を、意欲をかきたてるための手段として用いることを忌み嫌う。

聖職者の中には、罪の意識を誘発するような説教で叱咤激励して信者を駆り立てようとする者もいる。

このやり方は多くの人を、さらに頑張って働かせることができる。けれど、目的は手段を正当化しない。

信者がより多くの働きをするようになれば、指導者はうまくいったと思うかもしれないが、わたしは彼らの心を見る。

やらなければならない仕事という雑草がはびこって、恵みがむしばまれているのを見ると、わたしはたまらなく悲しい。

わたしはあなたに、わたしの完全な愛を確信して、心も身体もくつろいでほしいのだ。

9月8日

わたしによっていのちをもたらす霊の法則が、罪と死の法則からあなたを解放したのだから。

◆イザヤ61・10、ローマ8・1〜2

一日一日を、訪れるままに受け入れなさい。それは、その日の状況だけでなく、あなたの身体の調子についても言える。

あなたに課せられているのは、誠実で至高の存在であるわたしのもとで憩うことだ。

日によっては、あなたの置かれた状況と体調のバランスが取れないように感じることもあるだろう。

あなたに対する要求が、あなたの力よりはるかに大きく思えるときだ。

そんな日には、ふたつの選択肢が与えられる——あきらめるか、わたしに頼るか。

もしもあなたが間違って最初の選択肢を選んでしまっても、わたしはあなたをはねつけたりはしない。

どの時点でも、あなたはわたしに向きを変えることができる。わたしは、あなたが落胆の泥沼から這《は》い出るのに手を貸そう。

わたしは絶えず、あなたにわたしの力を注ぎこみ、この日に必要なものをすべて与えている。

わたしを信頼して、力を授けるわたしの権能に寄り頼みなさい。

◆詩篇42・5、Ⅱコリント13・4、エレミヤ31・25

9月9日

信頼の道を、わたしとともに歩みなさい。あなたの人生行路において、A地点からB地点に直行するルートは、わたしに対するゆるぎない信頼の道だ。

あなたの信仰が揺らぐとき、あなたは曲がりくねった山道を選び、かなり道をはずれてしまう。いつかはB地点に着くとはいえ、あなたは貴重な時間とエネルギーを失うことになる。

信頼の道からさまよい出たと気づいたらすぐ、わたしのほうを見て、〝イエスさま、あなたにおゆだねします〟と、ささやきなさい。

こうやって信頼を明言することは、あなたが道に戻るのを助ける。

不信仰の道をさまよえばさまようほど、わたしがあなたとともにいることを思い出すのは難しくなる。

不安な思いはあらゆる方向に枝分かれし、わたしの存在に気づくことから、あなたをますます引き離していく。

あなたは、わたしへの信頼をたびたび声に出して表す必要がある。

こんな簡単な信仰の行為によって、あなたはわたしとともにまっすぐな道を歩みつづけることができる。

心を尽くしてわたしに信頼しなさい。そうすれば、わたしはあなたの道筋をまっすぐにする。

◆イザヤ26・4、詩篇9・10、詩篇25・4〜5、箴言3・5〜6

9月10日

わたしはあなたが求めれば、いつでも応じることができる。

ひとたびあなたがわたしを救い主として信頼してから、わたしは一度もあなたから遠ざかったことはない。

ときどきあなたは、わたしから遠く離れてしまったように〝感じる〟ことがある。

それは感情に過ぎないことを認め、現実と混同しないようにしなさい。

聖書は、わたしが常にあなたとともにいるという約束であふれている。

ヤコブが家を離れて見知らぬ場所に旅したとき、

わたしが約束したように、**わたしはあなたとともにいる。あなたがどこへ行っても、わたしはあなたを守ろう。**

聖書に記されたわたしの弟子たちへの最後の約束は、「**わたしは世の終わりまで、いつも必ずあなたとともにいる**」だった。

わたしが常にあなたのそばにいるというこれらの約束によって、喜びと平安に満たされなさい。あなたは、この人生でたとえ何を失おうとも、わたしとの絆だけは決して失うことはないのだから……。

◆イザヤ54・10、創世28・15、マタイ28・20

9月11日

わたしによって、常に喜びなさい！

たとえ何が起ころうとも、あなたはわたしとの愛に満ちた関係を喜ぶことができる。

これが、**いついかなる場合にも満足する秘訣**なのだ。

あまりにも多くの人が、自分がやっと幸せになれる日のことを夢見ている――借金がなくなる、子どもたちの問題が片づく、前よりも余暇が増える、などなど……。

こんな夢想にふけっているあいだは、彼らの時間は、ひっくり返った瓶《びん》から高価な香油がこぼれ出すように、地面にしたたり落ちつづけている。

将来の幸せを夢見ることで、望みが実現することは決してない。夢想は現実ではないのだから……。

わたしは目には見えないけれど、あなたが見ているまわりの世界よりもはるかにリアルだ。

わたしの実体は、永遠で不変……。

あなたの時間をわたしにもたらせば、わたしはそれを胸の打ち震えるような喜びで満たそう。

〝今〟こそ、わたしのもとで喜び楽しむときだ！
◆ピリピ4・4、12、詩篇102・27

9月12日

わたしの平安を受け取りなさい。

これはわたしの、あなたに対するずっと変わらない贈り物だ。

この贈り物を受け取る最善の方法は、わたしのもとで静かに座って待つことだ。あなたの人生のすべての面でわたしを信頼して……。

静かに信頼していることは、あなたの想像もつかないほど多くのことを成し遂げる――あなたにだけでなく、地においても天においても……。

あなたがある分野においてわたしに信頼するとき、あなたはその問題なり、人なりを手放してわたしに託すことになる。

わたしとふたりだけで時を過ごすことは、困難な訓練になるかもしれない。というのも、この時代の活動依存症的な傾向に逆らうことになるからだ。

あなたは何もしていないように見えるかもしれないが、実際は、霊的な世界の中で行われている戦いに参加している。

あなたが闘っているのは、**この世の武器**によってではない。**要塞も破壊する、神からの力をもった**天の武器によって闘っているのだ。

わたしのそばで生きることこそ、悪から身を守る確実な防御である。

◆ヨハネ14・27、イザヤ30・15、IIコリント10・4

9月13日

わたしのもとに来て休みなさい。

心の中で、人や物事を判定するいつもの癖も中断して……。

あなたは、このことやあのこと、この人やあの人、そして自分自身、時にはお天気にまで判定を下す――まるで、判定することが人生におけるあなたの主要な務めでもあるかのように……。

けれどわたしは、あなたが真っ先に**わたしを知り**、わたしと豊かな絆を育んで生きるように創造した。

判定を下すことで頭がいっぱいになっているときのあなたは、わたしの役割を侵害している。

あなたのわたしへのかかわり方は、創造主に対する被造物としてのものだ。羊飼いに対する羊、王に対する臣下、陶工に対する粘土として、わたしに接しなさい。

あなたの人生において、わたしのやり方で行うことを受容すること――。

あなたに対するわたしのやり方を評価しようとするより、感謝して受け入れなさい。

わたしがあなたに親しく接するからといって、わたしと対等であるかのようにふるまっていいと勧めているわけではない。

王の王としてわたしをあがめながら、手に手をとってわたしといのちの道を歩んでいこう。

◆マタイ7・1、ヨハネ17・3、ローマ9・20〜21、Iテモテ6・15

9月14日

わたしの近くで生きることで、わたしをあがめる——これは本来、**わたしが、その鼻にいのちの息を吹き入れた**人間を創造したときに計画したことだ。

これは、わたしのあなたへの願い——わたしのそばを離れずにいのちの道を歩むこと。一日一日がその旅路の重要な要素なのだ。

あなたはこの世界では動きがとれず、何もかもうまくいかない、と思うことがあるかもしれない。

あなたの信仰の旅はそれとはまったく異なり、あなたを危険が潜む険しい冒険の道につれていく。

だからこそ、**わたしの光の中を歩む**ことが、あなたをつまずかせないためには絶対に欠かせない。

ずっとわたしのそばにいることで、あなたは自分自身を**生きた供え物**としてささげる。ありふれた日課でさえ、**わたしの喜ぶ、聖く霊的な礼拝**にすることができるのだ。

◆創世2・7、詩篇89・15、ローマ12・1〜2

9月15日

わが子よ、わたしの中で憩いなさい。

わたしにささげられたこの時間は、ストレスではなく平安に満ちたものであるはずだ。

あなたは、わたしの愛を受けるために演技をする必要はない。

あなたに対するわたしの愛は、無条件で限りがないものだ。

わたしの子どもたちが愛を求めて必死になっているのを見るのは、なんと悲しいことだろう。どんなにがんばってもがんばっても、愛されているという満足感は決して得られない。


あなたのわたしに対する献身的な思いや行いが、仕事になってしまわないように気をつけなさい。わたしはあなたに、喜びと確信を抱いてわたしのもとに来てほしいのだ。

あなたは何も恐れなくていい。わたしの義の衣をまとっているのだから……。

わたしの瞳に見入ったら、そこには非難のかけらもないことがわかるだろう。わたしが見つめている者への愛と喜びだけがあるのが見えるはずだ。


顔を向けてあなたを明るく照らし、平安を与えるわたしから、大きな恵みを受けなさい。

◆ヨハネ15・13、ゼパニヤ3・17、民数6・25〜26

9月16日

わたしはあなたを、わたしとつながって生きるように創造した。

このつながりは、あなたの存在を否定するものではない。それどころか、もっとあなた自身でいられるようにする。

わたしに頼らずに生きていこうとすると、あなたはむなしさや不満を味わうことになる。

あなたは**全世界を手に入れる**かもしれないが、本当に価値のあるものをすべて失ってしまう。

わたしのそばで生き、あなたに対するわたしの目的に従うことで充足感を見出しなさい。

あなたにはなじみのない道に導くことがあるかもしれないが、わたしはちゃんと承知してそうしているのだと信頼していなさい。

あなたが心からわたしに従うなら、あなた自身の今まで隠されていた面を発見するだろう。

わたしはあなたを、心の奥底まで——あなた自身が知っているよりもはるかに深く知っている。わたしとつながっていることで、あなたは完全になる。

わたしのそばにいることで、あなたはかつてわたしが創造した者へとさらに変えられていく。

◆マルコ8・36、詩篇139・13〜16、Ⅱコリント3・17〜18

9月17日

あなたがこれから先に起こることを自分の思いどおりにするために、むやみやたらと計画を立てても、わたしの平安は得られない。

それは、よくある不信仰のひとつの形だ。

さまざまな計画にあなたの心がフル回転していると、時には平安が手の届くところにあるように見えるかもしれない。ところが平安は、常にあなたの手をすり抜けてしまう。

すべての可能性に対して備えをしたと思ったとたん、思いもよらなかったことが持ち上がって、事態を混乱に陥《おとしい》れる。

わたしは、将来がわかるように人間の心を造りはしなかった。それはあなたの能力を超えている。

わたしはあなたの心を、わたしとのふれあいを欠かさないように作り上げたのだ。

あなたの必要と希望と不安をすべて、わたしのもとに携えてきて何もかもわたしに託して、計画立案の道から平安の道へと方向転換しなさい。

◆Ｉペテロ５・６〜７、箴言16・９、詩篇37・５（NKJV）

９月18日

ほかの何よりも、わたしに喜ばれるよう努めなさい。

その目標に焦点を置いて、今日一日を過ごしなさい。

そうした心の持ち方をすると、あなたのエネルギーが浪費されるのを防ぐことができる。

わたしがあなたに授けた自由意思は、非常な責任を伴う。

日々、あなたは次から次へと選択を迫られる。その多くは、あなたが取り組まなかったために、決定されずに終わる。

あなたを導く焦点がないと、あなたはたやすく道を迷いかねない。

だからこそ、わたしとのつながりを絶やすことなく、わたしのもとで感謝して生きることがとても重要なのだ。

あなたは、堕落してばらばらになった世界に住んでいる。そこでは、物事は無秩序の混乱した状態にある。

あなた自身もそうなってしまわないように守っ

てくれるのは、わたしとの活気に満ちた関係だけなのだよ。

◆マタイ6・33、ヨハネ8・29、コロサイ3・23〜24

9月19日

あなたの心の支配をめぐって、激しい闘いが繰り広げられている。

天と地があなたの心の中で交差する。どちらの世界も強い力で引き寄せ、あなたの考えに影響を及ぼす。

わたしはあなたを創造するときに、天国を前もって味わうことのできる力を与えた。この世界を遮断して、わたしに思いを集中すれば、あなたは**天の王座**にわたしとともに着くことができる。

これは、わたしに属し、わたしの顔を慕い求めるかけがえのない者たちのために確保した途方もない特権なのだ。

あなたの最大の力は、わたしと心と通わす時間を過ごすこと。

あなたがわたしに集中するとき、**聖霊があなたの心をいのちと平安で満たす**。

この世界は、あなたの思いを引きずり落として堕落させようとする。

メディアは強欲、情欲、皮肉《シニシズム》の爆弾であなたを襲撃する。

これらのものに立ち向かうときは、見分ける力と守りとを求めて祈りなさい。

この世の荒野《あらの》を歩むときは、常にわたしと心を通じ合わせていること――。

不安な思いを、はねつけなさい。なぜなら、この種の世俗的な事柄は、あなたを押しつぶし、わたしの存在に気づくのを邪魔するからだ。

あなたの心に戦いがしかけられていることに気づくよう、常に注意していなさい。

天国にあなたのために用意された、争いのない永遠の人生を楽しみにして……。

◆エペソ2・6、詩篇27・8、ローマ8・6、
ーヨハネ2・15～17

9月20日

物事を、もっともっとわたしの視点から見るようにしなさい。

あなたの心をわたしの光でいっぱいに満たして、わたしを通して世の中を見られるように――。

ちょっとしたことがあなたの望みどおりに運ばなかったときは、気楽な調子でわたしを見て、〝まあ、いいか〟と言ってごらん。

こんな簡単な教えが、ささいな心配事や不満が積もり積もってあなたの重荷となることから守ってくれる。

この習慣をせっせと実行すると、あなたは人生が変わるような発見をするだろう。あなたを悩ませる事柄の大部分は重要なものではない、ということに気づくのだ。

肩をすくめてさっさとやり過ごし、わたしに心を向け直せば、あなたは心浮き浮きと足取りも軽く、毎日を歩き通すことができる。

深刻な問題がふりかかってきても、あなたにはそれに対処するだけの余力がある。

取るに足らない問題にエネルギーを使い果たしてしまわなかったからだ。

さらにあなたは、使徒パウロと次の点で、意見が一致するところまで行くかもしれない――すなわち、あなたのすべての苦難は、**それによってもたらされる永遠の栄光に比べれば、一時的な軽いものに過ぎない**ということだ。

◆箴言20・24、Ⅱコリント4・17～18

9月21日

わたしのもとで心を静め、わたしの思いがあなたの奥深くで静かに形作られるのを待ちなさい。

この過程を急がせようとしてはいけない。あせることで、あなたの心はこの世に縛りつけられたままになってしまうからだ。

わたしは天地万物の創造主である。けれどわたしは、あなたの心の中にわたしの質素な住まいを設けることを選んだ。

わたしがあなたをいちばん親しく知っているのは、この場所だ。

この場所で、わたしは聖なるささやき声であなたに語りかける。

聖霊にあなたの心を静めるように願いなさい。あなたの内にいる**わたしの、静かにささやく声**が聞こえるように……。

わたしは常にあなたに語りかけている――いのちのことば……平安……愛。

これらの恵み豊かなメッセージを受信できるよ

うに、あなたの心を調整しなさい。

あなたの願いごとをわたしに訴え出て、期待して待ちなさい。

◆I列王19・12（NKJV）、詩篇5・3

9月22日

わたしを信頼して、悩みごとをはねつけなさい。**わたしはあなたの力、あなたの歌**なのだから……。

今朝のあなたは、苦難が目の前に立ちはだかっているのを見て、それと自分自身の力を比較して、気持ちが動揺している。

けれどもそれは、今日課せられた仕事ではない――明日の仕事でもない。

だからそれを未来に置いて、現在に立ち返りなさい。そこであなたは、あなたを待っているわたしに出会うはずだ。

わたしはあなたの力だから、わたしはどんな課題にも対処する力をあなたに与えることができる。**わたしはあなたの歌**だから、わたしと一緒に課題をこなすあなたに喜びを与えることができる。

あなたの心を、常に今のこの時に引き戻しなさい。

わたしのすべての被造物の中で、人間だけが先の出来事を予想することができる。

この能力は恵みではあるが、使い方をあやまるたびに災いとなる。

もしもその無類の心を明日のことを心配するために使うと、あなたは自分自身を暗い不信仰の衣で覆うことになる。

けれども、天国の希望があなたの思いを満たすとき、わたしの光があなたを包みこむ。

天国は未来だが、現在時制でもある。

わたしとともに光の中を歩むとき、あなたは片足を地上に、片足を天国に置いているのだよ。

◆出エジプト15・2、IIコリント10・5、ヘブル10・23

9月23日

赦された自由の身として、わたしと歩もう。

わたしたちがともにたどる道は、時には険しかったり、すべりやすかったりする。

罪の意識という重荷を背負っていたら、あなたはもっとつまずいたり、転びやすくなる。

あなたの求めに応じてわたしは、あなたから重い荷物を取り去って、十字架の足元に埋めよう。

わたしが重荷を取り除いたとき、あなたはまぎれもなく自由になる！

わたしのもとで背筋をぴんと伸ばし、胸を張って立っていなさい。そうすれば、もう誰もあなたに重荷を背負わせることはできない。

わたしの顔を見つめて、あなたを照らすわたしの愛の光の温かさを感じなさい。

この無条件の愛が、あなたを恐れからも罪からも解き放つ。

わたしの光を浴びて時を過ごそう。

わたしをもっと親しく知れば知るほど、あなたはますます自由になっていくのだから……。

◆詩篇68・19、Iヨハネ1・7〜9、Iヨハネ4・18

9月24日

何よりも優先して、わたしのもとで生きなさい。あなたはだんだん、まわりの人や場所よりもわたしのことを意識するようになる。

だからといって、このことであなたとほかの人との関係が損なわれるわけではない。

むしろ、あなたが人に愛や励ましを与える力を強めてくれる。

わたしの平安が、あなたの言葉や行いに浸みこんでいく。

あなたはこの世の中で活動的にふるまうが、それでも世間からは一歩引くようになる。

あなたはたやすく揺らぐことはなくなる。わたしがあなたを包みこんで、さまざまな問題の衝撃を和らげているからだ。

これは、あなたの前にわたしが定めた道……。精魂を傾けてこの道をたどっていけば、あなたは豊かないのちと平安を経験する。

◆詩篇89・15～16、詩篇16・8、IIペテロ1・2

9月25日

わたしを信頼することに、あなたのすべてのエネルギーを注ぎなさい。

信頼を通してあなたは、わたしの存在に気づき、常にわたしとつながっていられる。

あなたの人生行路のすべての歩みが、信仰の歩みとなる。

〝巨人の一歩〟と〝赤ちゃんの一歩〟は違う。

わたしを信頼して、〝赤ちゃんの一歩〟を踏み出すことは、あなたにとって簡単そのものだ。ほとんど意識せずに、楽に歩を進められる。

〝巨人の一歩〟となると、まったく事情は違う。深く薄暗い割れ目の上を飛び越え、不確実の崖をよじ登り、**死の陰の谷を越えて**いかなければならない。

これらの離れ業《わざ》には、完璧な集中力が要求される。その上に、わたしへの完全な献身が必要だ。

わたしの子どもたちはそれぞれ、ほかにはない独自の気質や賜物、人生経験を合わせもっている。あなたにとっては〝赤ちゃんの一歩〟であることが、ほかの人には〝巨人の一歩〟になるかもしれない。逆の場合もあるだろう。

あなたの旅路のそれぞれの箇所が、困難であるか容易であるかは、わたししか知らない。

人に感心されたくて、本当は〝巨人の一歩〟なのに、あたかも〝赤ちゃんの一歩〟にすぎないかのようにふるまったりしないよう注意しなさい。

逆に、あなたにとっては簡単なことをするのに、震えるほど怖くてためらっている人がいても批判してはいけない。

わたしの子どもたちの誰もが、ほかの誰よりもわたしを喜ばせたいと願うようになったら、人に批判されることへの恐れは消え、人に感心されようと努めることもなくなるだろう。

あなたのすぐ前の道と、決してあなたのそばを離れないわたしとに、あなたの注意を集中しなさい。

◆詩篇23・4、マタイ7・1〜2、箴言29・25

9月26日

わたしのもとに来て、耳をすませなさい！

わたしの声にあなた自身を合わせ、わたしの豊かな恵みを受け取りなさい。

自分の住まいでゆったりと過ごしながら、天地万物の創造主とふれあえることは、実に驚くべきことだ。

地上を統治する王たちは、自らを近づきがたい存在にしている。庶民が彼らに謁見《えっけん》する機会は、ほとんどない。

高位にある人々でさえ、王族と話すためには形式主義的な手続きと儀礼をかき分けて進まなければならない。

わたしは天地万物の王ではあるが、あなたはいつでもわたしに会うことができる。

あなたがどこにいようと、わたしはあなたとともにいる。

何ものも、あなたをわたしから引き離すことはできない！

わたしが十字架から、**「完了した！」**と叫んだとき、神殿の垂れ幕が、上から下までまっぷたつに裂けた。

こうして、あなたが儀礼や祭司たちをいっさい必要とせずに、わたしとじかに会うことができるように道が開かれたのだ。

王の王であるわたしは、あなたの永久《とわ》に変わらぬ道連れなのだよ。

◆イザヤ50・4、イザヤ55・2〜3、ヨハネ19・30、マタイ27・50〜51

9月27日

わたしの**永遠の腕**の中で憩いなさい。

あなたの弱さは、全能の神であるわたしの存在に気づいて強くなる格好の機会だ。

あなたのエネルギーが衰えても、自分の内側をのぞきこんで、欠乏しているのを見つけて嘆かなくていい。

わたしと、わたしの十分な備えに目を向け、あなたを助けるためにあふれるほどに用意された輝かしい豊かさを喜びなさい。

わたしに頼り、わたしがいることを楽しんで、この日を穏やかに過ごしなさい。

あなたの窮乏を、わたしに感謝すること――。そのおかげで、わたしたちのあいだに信頼の絆が育まれているのだから……。

あなたがここまでの旅をふりかえってみたら、弱くて弱くてどうしようもなかった日々が、あなたのもっともかけがえのない時であったことがわかるはずだ。

この日々の思い出は、わたしとの親しい絆の金色の糸と、豊かに織り合わせられているのだよ。

◆申命33・27、詩篇27・13～14

9月28日

あなたの心を――あなたのすべてを開いて、わたしの愛を十分に受け取りなさい。
わたしの子どもたちの中で、愛に飢え渇いて人生をよろめき歩いている者があまりにも多い。今まで、受け取る技法を学んでこなかったからだ。

これは本質的には、わたしが限りない永遠の愛であなたを愛していることを信じる、信仰の技《わざ》なのだ。

受け取るという技は、一種の修練でもある——わたしに信頼し、確信をもってわたしのそばに来るように、あなたの心を訓練することだ。


邪悪な者は**偽りの父**であることを、忘れてはならない。

彼の偽りがあなたの思いの中に侵入してくるのに気づく術《すべ》を学びなさい。

彼の好む欺瞞は、わたしの無条件の愛に対するあなたの信頼を揺るがすことだ。

これらの嘘に反撃しなさい！　挑戦しないままでいてはならない。


わたしの名前によってサタンに立ち向かいなさい。そうすれば、サタンはあなたから逃げていく。わたしに近づきなさい。そうすれば、あなたはわたしの愛に包まれる。

◆エペソ3・16〜19、ヘブル4・14〜16、ヨハネ8・44、ヤコブ4・7〜8（NKJV）

9月29日

わたしはあなたとともにいる。あなたを取り囲み、金色の光で包んでいる。

わたしはいつも顔と顔を合わせて、あなたを見ている。

あなたの思いはひとつとして、わたしに気づかれないものはない。

わたしは無限の存在だから、まるでこの宇宙にわたしとあなたしかいないように、あなたを愛することができる。

愛と親しみをこめた足取りで、わたしとともに歩みなさい。けれど、わたしが世界を支配する王であることを見失ってはならない。

わたしはあなたのもっとも親しい友となることを望んでいる。だが同時に、わたしはあなたの主である。

わたしはあなたの頭脳が、わたしを友として主として、同時に認識できる力を持つように造りあげた。

人の心はわたしの被造物の頂点に立つものだが、その第一の目的（わたしを知ること）に用いている者は、あまりにも少ない。

わたしは、聖霊やわたしのことばや被造物を通して、常に意思の疎通を図ろうとしている。わたしの存在を受け止め、わたしに応じることができるのは人間だけだ。

まさしくあなたは、**恐ろしいまでにすばらしいものに造り上げられているの**だから……。

◆詩篇34・4～7、IIペテロ1・16～17、ヨハネ17・3、詩篇139・14

9月30日

わたしは永遠にあなたのそばにいて、あなたを大切に扱う。

それは、あなたが生きるうえでもっとも重要な事実である。

わたしは時間や空間の制限を受けない。わたしがあなたとともにいることは、永遠の約束なのだ。

あなたは将来のことを恐れる必要はない。わたしがもうすでにそこにいるからだ。

あなたが永遠へとその〝一大飛躍〟を遂げたとき、天国であなたを待っているわたしと出会う。

あなたの未来はわたしの手の中にある。わたしはそれを一日一日、一瞬一瞬、あなたに与えている。

だから、**明日のことまで思い悩むのはやめなさい。**

わたしはあなたに、今日のこの日を十二分に生きてほしい。見るべきものをすべて見て、行うべきことをすべて行って——。

先々のことを心配して心を乱されないように。それはわたしに預けてしまいなさい！

人生のどの日もすばらしい贈り物なのに、今日の境界内でどうやって生きるかを知っている者はほとんどいない。

豊かな人生を送るためのエネルギーの多くが、時の境界線を越えて、明日の心配や過去の後悔へと流れ出している。

残されたエネルギーは、その日を十分に生きるには足りなくて、のろのろと過ごすくらいの量しかない。

わたしはあなたを、現在のわたしの存在に集中しつづけられるように訓練している。

これによってあなたは、わたしの恵みの王座からふんだんにあふれ出る豊かな人生を受け取ることができるのだよ。

◆マタイ6・34、ヨハネ10・10、ヤコブ4・13〜15

10月

すべて、疲れた人、重荷を負っている人は、わたしのところに来なさい。わたしがあなたがたを休ませてあげます。

（マタイの福音書11章28節）

10月1日

わたしひとりを、礼拝しなさい。

わたしは王の王、主の主、近づくこともできない光の中に住む者である。

わたしはあなたのことを大切に扱っている！　あなたを大切にすることに心を砕いているだけでなく、完璧にそれをやりとげることができる。

わたしの中で休みなさい、疲れし者よ。これもひとつの礼拝なのだから……。

自分を鞭《むち》打つ苦行はもう行われなくなったはずなのに、わたしの子どもたちの多くは、競走馬さながらに自分に鞭を入れている。

彼らは自分を鞭打って、行動に駆り立てる。どんなに疲れきっているかは無視して……。

わたしが至高の存在であり、**わたしの道は、彼らの道を高く超えている**ことを、彼らは忘れている。

駆り立てられた奉仕精神の裏で、彼らはひそかにわたしのことを過酷な主人だと恨んでいる。

彼らのわたしへの礼拝は、それほど熱意が感じられない。わたしはもはや、彼らの**初めの愛**ではないからだ。

わたしの招きは決して変わらないのに……。**疲れた者は、誰でもわたしのもとに来なさい。わたしが休ませてあげよう。**

わたしのもとで安らかに憩うことで、わたしを礼拝しなさい。

◆Ⅰテモテ6・15〜16、イザヤ55・8〜9、

黙示録2・4、マタイ11・28

10月2日

わたしがこんなにも親しくそばにいることを、決して当然だと思ってはならない。

常にわたしがあなたとともにいることに、驚嘆の念を抱きなさい。

どんなに情熱的な恋人でも、いつもあなたと一緒にいるわけにはいかない。

あなたの心や精神を熟知している者が、わたしのほかにいるだろうか。

わたしはあなたのことを何もかも知っている、あなたの髪の毛の数までも……

あなたは、本当の自分をわたしに知ってもらおうと頑張らなくてもいい。

自分のことを理解してくれる人を求めて、生涯をかけたり、かなりの金額を費やす者は少なくない。

けれどわたしは、わたしの名前を呼び、心を開いてわたしを救い主として受け入れる者には、いつでも惜しみなく応じている。

この素朴な信仰の行為が、生涯にわたる愛の物語の序章となる。

あなたの魂を愛するわたしは、あなたのことを完全に理解し、永遠に愛していく……。

◆ルカ12・7、ヨハネ1・12、ローマ10・13

10月3日

いろいろなことがうまくいかないように見える

ときは、わたしを信じて頼りなさい。

人生がしだいに思いどおりにいかなくなってきたと感じるとき、わたしに感謝しなさい。

これは人間的な思いをはるかに超えた霊的な対応であり、あなたを現状から引き上げてくれるものだ。


もしも困難に直面したときに、人間的な思いだけで応じていたら、あなたはマイナス思考の餌食になってしまうかもしれない。

ちょっと不平不満を口にするだけでも、あなたの物の見方や考え方は暗くなり、らせん状に下降していく道をたどりかねない。

こんなネガティブな姿勢を取りつづけていたら、不平や愚痴は、ますますたやすくあなたの口からあふれ出してくる。


そのひとつひとつに押されて、あなたはつるつる滑るらせんを滑り落ちていく。

下に落ちていけばいくほど、滑る速度は増していく。けれどもまだ、ブレーキをかける可能性はある。

大声でわたしの名を呼びなさい！

あなたがどう感じていても、まずわたしへの信頼を確認しなさい。

すべてのことをわたしに感謝しなさい。たとえ、こうするのが当然のことだとは思えず、不合理にさえ感じても……。

あなたは徐々に昇りはじめ、落ちてしまった地表に戻っていく。

地表に戻ったとき、あなたは自分の状況を謙虚な見方でとらえられるようになる。

今度は、信仰による霊的な反応（わたしに信頼し、感謝する）を選べば、あなたはわたしの計り知れない平安を経験することだろう。

◆詩篇13・5、エペソ5・20

10月4日

わたしは天と地の創造主――今存在しているものとこれから存在するものすべての、主である。わたしの大きさは想像を絶するものだが、わたしはあなたの内に住み、あなたをわたしの存在で満たすことを選んだ。

計りしれないほど偉大な者が、きわめて小さな者の内に住まうことができるのは、霊的な世界においてだけだ。

あなたの内にいる聖霊の力と栄光を畏《おそ》れ敬いなさい！

聖霊は時間も空間も超えて、いつでもどこにでも存在する方だが、**あなたの助け主となってくださる。**

この方は、いつでも助けの手をさしのべることができる。あなたに必要なのはただ、お願いすることだけだ。

前方の道がまっすぐで歩きやすそうに見えるとき、あなたはわたしに頼らないで、〝自分ひとりで進みたくなる〟かもしれない。

このときが、あなたがつまずく危険がいちばん大きくなる。

聖霊に、道を一足一足進むごとに手を貸してくださるようにお願いしなさい。

あなたの内の、この栄光ある力の源泉を顧みなだからあなたは、それを宮殿でも牢獄の中でも……どんなところにおいても、味わうことができる。

困難が待ち受けている日だからといって、喜びがないものと決めつけないこと――。

それより、わたしとの心のふれあいを保つことに集中しなさい。

あなたの関心をうるさく求める問題の多くは、ひとりでに解決がつく。

そのほかの事柄はあなたが処理しなければならないが、わたしが手を貸そう。

問題解決を二番目に置いて、わたしのそばで生きることを第一の目標とするなら、もっとも困難な日々においてさえ、喜びを見出すことができるのだから……。

いことは、決してあってはならない。

◆ヨハネ14・16〜17（NKJV）、ヨハネ16・7、ゼカリヤ4・6

10月5日

喜びは、あなたが置かれた状況には左右されないことを覚えておきなさい。

世界でもっともうらやましがられる環境にありながら、いちばんみじめな思いをしている人もいる。

出世の階段を昇りつめて頂点に達したとき、人はしばしば、自分を待ち受けていたものが虚しさであったことを知って驚く。

本当の喜びは、わたしのもとで生きることの副産物だ。

◆ハバクク3・17〜19、Ⅰ歴代16・27

10月6日

わたしが導くところはどこへでも、喜んでついてきなさい。

心からわたしに従いなさい。期待に胸をふくらませて、足取りも軽く……。

先に何が待ち受けているか、あなたは知らなくても、わたしは知っている――それで十分だ！

わたしのもっとも豊かな恵みのいくつかが、すぐそこを曲がったところにある――目には見えないけれど、それでも実際にちゃんとある。

それらの贈り物を受け取るには、あなたは**目に見えるものによらず、信仰によって歩**まなければならない。

これは何も、あなたのまわりのものを見ないようにしろ、ということではない。

目に見える世界を、目に見えない〝あなたの魂の牧者〟の下に置く、ということなのだ。

時には、わたしの手で支えるだけで、あなたを高い山の上に導くこともある。

高く登っていけばいくほど、すばらしい眺望が開けていく。それとともにあなたは、自分が世の中から、さまざまな問題ごとそっくり切り離されていくのを、ますます痛切に感じるようになる。

これによって自由になったあなたは、わたしがともにいるという喜ばしい現実を豊かに経験する。

目もくらむほどの光に満たされて、この栄光に満ちた瞬間に、自分のすべてをささげなさい。

やがて、わたしはあなたを導いて山を降り、あなたはほかの人々との共同社会に戻っていく。

あなたがふたたび人々の中を歩むときも、わたしの光は、あなたの内で常に輝きつづける。

◆IIコリント5・7、詩篇96・6、ヨハネ8・12、詩篇36・9

10月7日

わたしの声を聞くためには、あなたは自分の思い煩いをいっさいわたしに託さなければならない。あなたの心を悩ませているものをすべて、わたしにゆだねさい。

こうすることで道が開け、何ものにも邪魔されずにわたしの顔を尋ね求めることができる。

あなたの奥深くに潜んでいる恐れから、わたしが解き放してあげよう。

わたしのもとで心を静め、あなたの中に巣くうどんな闇も排除するわたしの光に浸りなさい。

あなたの人生の支配者はわたしであることを忘れず、一日一日を訪れるままに受け入れてごらん。

わたしが常にともにいることを確信して、**わたしが設けたこの日**を喜びなさい。

今の状態を悔やんだり、憤ったりしないで、**どんな場合にも感謝すること**——。

あなたは、もう何も心配しなくていい。わたしに信頼し、感謝して、全能の主であるわたしのもとで安らぎなさい。

◆Iペテロ5・6〜7、詩篇118・24、Iテサロニケ5・18

10月8日

永遠の愛で、わたしはあなたを愛している。

わたしの愛が不変なものであることは、人間の思考では理解できない。

あなたの気持ちは状況の変化に直面すると、揺らいだりくじけたりする。しかもあなたは、自分の変わりやすい感情をわたしに投影して、わたしもそうだと思いこむ傾向がある。

そのためにあなたは、わたしの不変の愛の恩恵を十分に得ていない。

あなたは、絶えまない状況の変化を越えて目をやる必要がある。そうすれば、わたしが愛をこめてあなたを見つめ返しているのに気づくはずだ。

こうしてわたしの存在を感じることで、あなたは強められる。わたしの愛を受け取り、わたしの愛に応えつつ……。

わたしは、きのうも今日も、そして永遠に変わることがない！

あなたの内に絶えず注ぎこまれるわたしの愛を受け取りなさい。

あなたがわたしを必要とすればするほど、わたしの愛は限りなくあなたの内に注がれていく。

◆エレミヤ31・3、出エジプト15・13、ヘブル13・8

10月9日

あなたはずっと、長い上り坂の旅を続けてきた。あなたのエネルギーは、ほとんど尽きかけている。あなたは時おりつまずいたけれど、わたしの手は離さなかった。

ずっとわたしのそばにいたいというあなたの願いを、わたしは喜んでいる。

それでも、喜べないことがひとつある。あなたが不平を口にしがちなことだ。


わたしたちのたどっている道の困難さについては好きなだけ、わたしに話してかまわない。

あなたがどれだけストレスや緊張に苦しめられてきたか、わたしは誰よりもよくわかっている。

不平不満をわたしに言い表す分には、さしつかえない。わたしと話すことであなたの気持ちが落ち着き、わたしの視点で物事を見られるようになるからだ。


人に愚痴を言うのは、まったく別の話だ。

それは、自己憐憫や激しい怒りのような大きな罪に通じる扉を開くことになる。

愚痴をこぼしたくなったら、いつでもわたしのところに来て、とことん話してみなさい。

あなたがわたしに心を開いたら、わたしはあなたの心に、わたしの想いとわたしの歌を注ぎこもう。

◆エレミヤ31・25、ピリピ2・14〜15

10月10日

わたしに信頼しなさい。物事をあれこれ予測したり、自分の思いどおりに運ぼうとしないで、なすがままに任せること——。

わたしの永遠に変わらない愛の光に包まれて、心と身体を休ませ、元気を回復しなさい。

わたしの愛の光が弱まって薄暗くなることは決してないのに、あなたは、まばゆいばかりのわたしの存在に気づかないことがしばしばある。

　将来に身をおいて、何を言おうか何をしようかとシミュレーションしているときのあなたは、自己充足を――わたしの助けなしにうまくやれることを――求めている。

　これはわかりにくい罪だ。よくありがちなことだが、たいていは気づかれないままにすりぬけてしまう。

　代わりに取るべき道は、一瞬一瞬をわたしに頼って、今を十分に生きることだ。

　自分の力が足りないことを心配するよりも、わたしから豊かに与えられることを喜びなさい。

　あなたの心が常にわたしの助けを求めるように習慣づけなさい。たとえ、自分ひとりでうまく処理できると感じるときも……。

　あなたの生活を、独力でやれることとわたしの助けを必要とすることに二分させないように――。

　そうではなく、どんな場合もわたしに頼りなさい。

　これを実践することで、あなたは人生をもっと楽しみ、自信をもって毎日を迎えることができるようになる。

◆詩篇37・3～6、ピリピ4・19（NKJV）

10月11日

わたしは、あなたの希望と願いのすべてである。

わたしはアルファであり、オメガである。初めであり、終わりである。今おり、かつており、や

がて来る者である。

あなたはわたしを知る前には、わたしだけにしかかなえられない願いを、自分を傷つける形で表していた。

この世界のあなたを取り巻く邪悪な者に、あなたはこのうえなく弱かった。

けれど今は、わたしの存在があなたの盾となり、わたしの愛に満ちた腕があなたを抱きしめている。**わたしはあなたを暗闇の中から、わたしの驚くべき光の中へと招き入れた。**

わたしはあなたの人生に多くの楽しみをもたらしてきたが、その中で絶対に必要なものはひとつもない。

両手を空っぽにして、わたしの恵みを受け取りなさい。わたしからのすばらしい贈り物を楽しみなさい。ただし、執着しないこと——。

あなたの注意を**すべての良い物の与え手であるわたし**に向け、あなたはわたしの内にあって完全であることを知って安心しなさい。

あなたが絶対に必要なものはただひとつ。あなたが絶対に失ってはいけないただひとつのもの……それは、あなたとともにいるわたしの存在なのだよ。

◆詩篇62・5〜8、黙示録1・8、Ⅰペテロ2・9（NKJV）、ヤコブ1・17

10月12日

自分自身を他人の目を通して見るには、注意が必要だ。

この習慣には、いくつかの危険性がある。まず第一に、ほかの人があなたのことを本当はどう考えているか見抜くのは、ほとんど不可能だということ。さらに、あなたに対する他人の見方は変わりやすい——それぞれの人の信仰や気分や体調に左右される。

あなたはこんな人間だと人に定義させることの最大の問題は、それが偶像崇拝に似ているということだ。

人を喜ばせようと気を遣うことは、あなたの創造主であるわたしを喜ばせたいという願いをそこねるものだ。

〝わたしの目〟を通してのほうが、はるかに真実のあなた自身を見ることができる。あなたを見つめるわたしのまなざしは、ゆるぎなく確かで、罪に曇らされていない。

わたしの目を通してあなたは、深く永遠に愛されている者としての自分の姿を見ることができる。愛をこめて見守るわたしのもとで憩い、深い平安を受け取りなさい。

わたしを霊と真理をもって礼拝することで、わたしの愛に応えなさい。

◆ヘブル11・6、ヨハネ4・23～24

10月13日

わたしのもとで**静まって、心を落ち着ける**時間を作りなさい。

気持ちがあせればあせるほど、あなたはわたしとふれあえるこの聖なる場所が必要になる。

さあ、ゆっくり深呼吸してごらん。そしてわたしのもとで、**わたしが顔を向けてあなたを照らす**光の中で安らぎなさい。

こうしてあなたは、わたしが常にあなたに与えようとしている平安を受け取ることができる。

わたしの子どもたちが、わたしからの平安の贈り物を無視して、不安でがんじがらめになっているときのわたしの心の痛みを、あなたは想像できるだろうか。

わたしはあなたにこの恵みを保証するために、あえて罪人《つみびと》として死んだのだ。

感謝してそれを受け取り、あなたの心の中に隠しなさい。

わたしの平安はあなたの内なる宝……わたしに信頼するにつれて、あなたの内で大きくなっていく。

だから、どんな状況にも影響されることはない。わたしのもとで心を休めて、平安を享受しなさい。

◆詩篇46・10、民数6・25〜26

10月14日

わたしの名前において、わたしのことで苦しみを受ける覚悟をしなさい。

わたしの王国においては、すべての苦難に意味がある。

苦痛や困難は、わたしに対するあなたの信頼を表明する好機となる。

あなたの現状を勇敢に耐えしのぶことは——さらに、そのことでわたしに感謝することは、最高の賛美のひとつだ。

この感謝のささげ物は、喜びの黄金の音色を天国に響きわたらせる。

地上でも、あなたが耐えしのぶ苦しみは、良き知らせのさざなみを立たせ、幾重にも波紋を広げていく。

苦難に襲われたときは、わたしが至高の存在であり、どんなことからも良いものを引き出せることを思い出しなさい。

苦痛なことから逃げたり、問題から隠れたりせずに……。

それよりも、わたしの名によって逆境を受け入れ、わたしの目的のためにそれをささげなさい。

そうすれば、あなたの苦しみは意味を得て、あなたをさらにわたしに近づけてくれる。

あなたの信頼と感謝を通して、不幸の灰の中から喜びが現れる。

◆ヤコブ1・2～4、詩篇107・21～22

10月15日

この日を一歩一歩進みながら、常にわたしのことを意識するようにしなさい。

わたしがあなたとともにいることは、約束でもあり、守りでもある。

わたしが天に昇る直前に語った最後のことばは、「**わたしはいつもあなたがたとともにいる**」――あの約束は、ひとつの例外もなく、わたしに従うすべての人々へのものだった。

わたしがともにいるという約束は、強力な守りとなる。

あなたがたどる人生の旅路には、そこかしこにおびただしい数の落とし穴がある。

あなたを自分の道に誘おうとして、多くの声があなたの注意をひこうとやかましく騒ぎ立てている。

本道をほんの二、三歩離れただけで、自己憐憫と絶望の穴が口を開け、高慢と我意の高原が広がっている。

もしもあなたがわたしから目を離してほかの人の道についていったら、ゆゆしい危険にさらされることになる。

たとえ善意の友人であっても、あなたの人生にわたしが占める場所を侵害することを許せば、あなたを迷わせかねない。

いのちの道にとどまる方法は、常にわたしに心を向けていることだ。

わたしの存在を意識することが、あなたの最善の守りになるのだよ。
◆マタイ28・20、ヘブル12・1〜2

10月16日

常にわたしに目を向けて、助けや慰めやふれあいを求めなさい。

わたしはいつもあなたのそばにいるから、ほんの一瞬のまなざしが、あなたをわたしにつなげてくれる。

あなたが助けを求めてわたしを見るとき、それはわたしのもとから豊かにあふれ出る。

こんなふうに、大きな問題だけでなく、ささいなことでもあなたがわたしを必要としているのを認めることで、あなたは霊的な活力を保ちつづけられる。

あなたが慰めを必要とするとき、わたしは愛をこめてあなたを両腕に抱きしめる。

　わたしはあなたに慰めを与えるだけでなく、あなたを通してほかの人々を慰める水路にすることができる。

　そして、あなたは二重の恵みを受ける。生ける水路は、そこを流れるすべてのものの一部を吸収するからだ。

　わたしがずっとそばにいることは、最高の贈り物なのだ。救いの恵みの頂点である。

　たとえあなたが人生において何を失っても、この輝かしい贈り物は決して誰も奪い去ることはできない。

◆詩篇34・4〜6、詩篇105・4、
IIコリント1・3〜4

10月17日

不安とは、わたしを抜きで将来のことを想像した結果、生じるもの……。

だから、不安に対する最大の防御は、わたしとのふれあいを欠かさないことだ。

自分の思いをわたしに向けるとき、あなたはもっとずっとポジティブに考えられるようになる。

あなたの思いがわたしとの対話になるように、語るだけでなく耳をすませることをいつも心がけなさい。

今後の出来事について検討する必要があるなら、次のルールに従いなさい。

1　いつまでも将来のことを考えていない。先のことばかり、ぐずぐずと思いめぐらしていると、不安がキノコのように頭をもたげてくるからだ。

2　わたしが常にそばにいるという約束を忘れず、心に何か浮かんできたときは必ず、その中にわたしの姿を含めること――。

こんなふうに考える習慣は、簡単には身につかない。なぜなら、あなたは自分の幻想の神であることに慣れっこになってしまっているから……。

それでも、わたしがあなたとともにいるという現実性は、今もそして永遠に、あなたが抱きうるどんな幻想よりも、輝かしい光を放っている。

◆ルカ12・22～26、エペソ3・20～21

10月18日

わたしから目を離さずに、この日を穏やかに過ごしなさい。

あなたが信頼の歩みで進んでいけば、わたしはあなたの前に道を開いていく。

時には、あなたの道の前方が塞がれているように見えることがあるかもしれない。

その障害物だけに神経を集中させたり、それを迂回する道を探したりすれば、おそらくあなたは正しい進路をはずれてしまうだろう。

それよりもわたしに――あなたの人生の旅路を導いている羊飼いに、集中しなさい。

いつのまにか、〝障害物〟はあなたのずっと後ろになっている。自分でも、どうやってそれを越えたかを知ることのないままに……。

それが、わたしの王国における成功の鍵だ。あなたの意識はずっと回りの目に見える世界に向けられているが、あなたがもっとも意識すべきなのは、わたしである。

前方の道が石ころだらけに見えるとき、あなたはわたしがその悪路を乗り越えさせてくれると信じて託すことができる。

わたしがついていることであなたは、毎日を確信をもって迎えることができるのだよ。
◆ヨハネ10・14〜15、イザヤ26・7

10月19日

防御の構えをやめて、わたしのもとに来なさい。わたしの存在に満たされ、恵みを受けるために……。

緊張をほぐして、わたしに対して完全に心を開き、建前なしの本音で接する解放感を味わいなさい。

あなたには、隠すべきものも暴かなければならないこともない。あなたのことはもうすでにわたしが、何もかも知っているからだ。

あなたにとって、このような関係はほかにありえない。

その豊かさを味わう時間を取って、わたしの金《こん》色《じき》の光に浸りなさい。

〝アダムとエバの堕落〟の最悪の結果のひとつは、人間が自分と他人のあいだに入念な障壁を築き上げてしまったことだ。

この世界には、うわべだけとりつくろった見せかけが多い。わたしの身体である教会の中にさえ……。

時には教会は、人が自然にのびのびとふるまえる場所からもっともかけ離れていることがある。人々は、日曜日用の〝よそゆき〟の服と教会用の微笑とで装う。

偽りの親睦は緊張するので、教会を出るとほっとする。

この不自然な雰囲気を改善する最良の方法は、教会でわたしがともにいるのを常に意識することだ。

わたしと霊的にふれあうこと、わたしを礼拝すること、わたしの栄光をたたえることを、第一の目的としなさい。

そうすればあなたは、わたしの喜びをもって人々に微笑みかけ、わたしの愛によって彼らを愛することができるようになる。

◆Ⅰヨハネ1・5～7、出エジプト33・14、ピリピ4・8～9

10月20日

わたしはあなたの生ける神である。あなたの知る中でもっとも活発な人の及びもつかないほど、活力に満ちている。

人間の身体は驚くほど巧みに造り上げられているが、重力や避けられない老化の影響の重みがかかっている。

どんなに優秀なアスリートでも、何十年も体力を維持することはできない。

豊かな生活を保つ秘訣は、ただわたしにのみ見出すことができる。

自分の身体が弱いからといって心配しなくてもいい。

それよりもその弱さを、わたしがあなたの中にエネルギーを注ぎこむ前奏曲《プレリュード》と考えなさい。

あなたがわたしに似た者となっていけばいくほど、わたしのいのちは、しだいにあなたの命と撚《よ》り合わさっていく。

老化作用は進行していくが、内面的には、あなたは歳月とともに強くなっていく。

わたしのそばで生きる者は内面の活動力が発達するので、歳をとっても若々しく見える。

わたしとともに光の中を歩み、わたしのいのちをあなたを通して輝かせなさい。
◆詩篇139・14、コロサイ1・29、Iヨハネ1・7

10月21日

あなたがわたしのもとでずっと変わりなく生きるためには、あなたには反抗的な傾向があることを露《あらわ》にし、それを駆逐しなければならない。

あなたは、自分の計画や願望を阻《はば》むものがあると、阻まれたことに憤慨しやすい。

憤りを感じるたびに、そのことを意識するようにしなさい。たとえそれが、ごくささいなことのように思えても――。

それらの不愉快な感情を押さえつけてはいけない。それよりも、あなたが処理できるように表面に出すこと――。

憤りの感情を意識する機会が増えるように、聖霊にお願いしなさい。

それらの憤りを大胆に、わたしの光の中に携えてきなさい。そうすればわたしが取り除いてあげられるから……。

反抗心に対する究極の解決法は、あなたへのわたしの支配力に服従することだ。

あなたは、わたしが支配者であることを頭ではわかっていて、喜んでいる。わたしの支配がなかったら、この世界はぞっとするような場所になってしまうからだ。

ところが、わたしの支配力に自分の小さな勢力範囲を侵されたとき、あなたは内に秘めておけないほど憤《いきどお》ることが多い。

何かを失ったとき、望みをくじかれたときの最善の反応は、賛美することだ。**主は与え、主は奪い去る。主の御名はほむべきかな。**

すべての良いもの（あなたの財産、あなたの家族や友人、あなたの健康や能力、あなたの時間）は、わたしからの贈り物であることを忘れてはならない。

自分にはこれらのすべての恵みを受ける資格があるなどと思わないで、感謝の心で応えなさい。

わたしがあなたから取り去ろうとしたら、どんなものでも手放す心の準備をしておきなさい。といっても、わたしの手は決して放してはいけないよ！

◆詩篇139・23～24、Ⅰペテロ5・6、
ヨブ1・21（NKJV）

10月22日

あなたがどんな状況に置かれていても、わたしのところに来れば喜びを見出せる。

あなたは、いろいろな日に遭遇する――。

喜びがあなたの人生の旅路におしげもなくふりまかれ、陽光を浴びてきらめいている日がある。

そんな日は、満足することは、次の息を吸うように、次の一歩を踏み出すようにたやすい。

またある日は、どんよりした曇り空……。あなたは、果てがないように見える旅の重圧を感じている。

鈍い灰色の岩があなたの目をとらえ、あなたの足を痛めつける。

それでもなお、喜びは手に入れられる。**隠れた**

宝物を求めるようにそれを探しなさい。

まず初めに、わたしがこの日を造ったのだということを思い出しなさい。偶然の出来事などではなく――。

あなたがわたしの存在を感じていようといまいと、わたしがあなたとともにいることを思い起こして……。

そして、あなたの心に浮かんだことをなんでもいいから、わたしに話してごらん。

わたしはあなたのことを完全に理解し、あなたが経験していることを正確にわかっている――その事実を、喜びなさい。

わたしとの心のふれあいを続けていけば、あなたの気持ちはしだいに軽く晴れやかになっていく。

わたしというすばらしい道連れを意識すること

で、どんなに陰鬱な曇り空の日も喜びで満たすことができるのだから……。

◆詩篇21・6、箴言2・4

10月23日

あなたの注意をわたしに向け、あなたを照らしているわたしの光を感じよう。

あなたの心を開き、あなたを認めてよしとするわたしの神々《こうごう》しい微笑を受け取りなさい。金色を帯びたわたしの愛の波があなたに押し寄せ、あなたの奥底まで流れこむのにまかせて……。

あなたの内側がしだいにわたしに満たされていくと、あなたはわたしとひとつになる喜びを味わう——**わたしがあなたの内におり、あなたがわたしの内にいる。**

あなたの〝わたしにおける喜び〟とわたしの〝あなたにおける喜び〟は撚《よ》り合わさって、離れられなくなる。

わたしは、あなたの魂をわたしの喜びで満たす——**わたしの右の手には、永遠の喜びがある。**

◆ヨハネ17・20〜23、詩篇16・11（NKJV）

10月24日

平安の緑の牧場《まきば》で、休みなさい。

〝あなたの羊飼い〟のもとでくつろぎ、可能なかぎりいつでも緊張をほぐすことを学びなさい。

このエレクトロニクスの時代に生きるわたしの子どもたちは、多くの時間を、〝神経が張りつめてピリピリした〟状態で過ごしている。忙しい最中は緊張しすぎて、わたしを見出す余裕がない。

わたしはあなたを造るときに、休息の必要を組みこんだ。

人々がこの基本的必要を満たすことに罪悪感をもつとは、この世界はなんとゆがんでしまっていることだろう！

常に動き回っていることで、どれだけ多くの時間とエネルギーが無駄に使われたことか。わたしに人生の導きを求めるために時間をかけるのではなく……。

わたしはあなたを、わたしとともに**平安の道**を歩むように招いてきた。

あなたに、わたしの平安の中で生きたいと願う人々の先駆けとなってほしいのだ。

わたしがあなたを選んだのは、あなたの強さというより弱さのためだった。弱さが、あなたのわたしへの必要を増大させるからだ。

もっともっとわたしに頼りなさい。そうすればわたしは、あなたの歩むすべての道にあふれるばかりの平安を注ぐ。

◆詩篇23・1〜3、創世2・2〜3、ルカ1・79

10月25日

わたしはいついかなるときも、永遠に**あなたとともにいる神**である。

このことは聞き慣れているからといって、心を動かされなくなってしまうことのないように気をつけなさい。

わたしの永遠の存在は、尽きることのない喜びの源泉となり、ほとばしる喜びは、豊かないのちの川となって流れ出す。

わたしの名前の意味（イエスは〝**救ってくださる主**〟、インマヌエルは〝**われわれとともにおられる神**〟）を、あなたの心の中に響きわたらせなさい。

どんなに忙しいときにも、わたしの存在を意識しつづけるように努めなさい。

うれしいこと、腹の立つこと、あなたの心に浮かぶことは、どんなことでもわたしに話してごらん。

こうした日々の訓練の小さな歩みを一歩一歩重ねていくことで、あなたはわたしのそばを離れずに、いのちの道を進んでいくことができるのだ。

◆マタイ1・21、23、使徒2・28

10月26日

傷ついたときは、わたしのもとに来なさい。わたしが、あなたの痛みを癒してあげよう。

嬉《うれ》しいときは、わたしのところに来なさい。わたしもともに喜び、それを何倍にもしてあげよう。

わたしは、あなたが必要とするすべて――時と場合を選ばず、あなたのどんな必要も満たすことができる。

あなたの心の奥底にある願いをかなえられるのは、わたしだけだ。

今は、〝自助〟の時代である。

書店には〝自分のことだけを考える〟――自分をすべてのことの中心に置くための書物があふれ

ている。

これらの方法論が目標としているのは、自己充足して自信をつけることだ。

けれどあなたは、〝旅人があまり通らない道〟――常にわたしに頼る道を選ぶように招かれてきた。

真の自信は、あなたがわたしのもとで完全になることを知るところから生まれる。

あなたが必要なものはすべて、わたしの中にそれに相当するものがあるのだから……。

◆ヨハネ15・5、ヤコブ1・4

10月27日

わたしの存在をだんだん意識するようになればなるほど、あなたは自分が進むべき道を見分けるのが楽になることに気づくだろう。

これは、わたしのそばで生きることの実際的な効用のひとつである。

この道の先には何があるのかと心配したり、〝もしもああなったら〟、とか、〝こうなったときはどうするべきか〟、と思い悩むのはやめなさい。

それよりも、わたしと心を通い合わせることに集中しなさい。

あなたが実際に選択地点に着いたときは、わたしがあなたにどちらの方角に進めばいいかを教えよう。

将来の計画や決定のことで頭がいっぱいで、今日選択しなければいけないことが見えなくなっている人はたくさんいる。

彼らは無意識のうちに、ふだんの調子で対応してしまう。

こんなふうな生き方をしている人は、いつのまにか自分の生活がよどんだ活気のないものとなっているのに気づく。

彼らは日課となっている歩き慣れた道を、夢遊病のように歩んで日々を過ごしている。


天地の創造主であるわたしは、考えうるかぎりのもっとも創造的な生ける神だ。

わたしはあなたに、車の往来が激しくて轍《わだち》が深く刻まれたような道を、堂々めぐりさせたりはしない。

それどころか、新たな冒険の旅に導いて、これまであなたが知らなかったことを見せてあげよう。

わたしと心を通い合わせながら、わたしの導きに従って歩みなさい。

◆詩篇32・8、創世1・1

10月28日

この人生で公平に扱われることは期待しないほうがいい。

人々は、あなたの傷つくことを言ったりしたりする。そんなことをされる道理はないのに……。

誰かにひどい扱いを受けたときは、それを恵みによって成長する機会ととらえるようにしなさい。自分を傷つけた相手をできるだけ早く赦せるようにしよう。

人に言われたり、されたりしたことに、いつまでもこだわっていないこと――。

あなたに対する他人の意見をくよくよ気にしないで、いつもわたしに集中していなさい。

結局のところ、重要なのは〝わたし〟があなたをどう見ているかなのだから……。

わたしとの関係に心を集中させ、わたしがあなたに、わたしの義と聖の衣をまとわせたことを思い出しなさい。

あなたがこれらの衣をまとっているのが、わたしには見える。それはわたしがあなたのために、わたしの血で贖《あがな》ったものだ。

これも実は公平なことではない――それは、純然たる贈り物だからだ。

人があなたを不当に扱うとき、わたしのあなたへの対し方は、公平や不公平を超えたもっとすばらしいものであることを思い起こしなさい。

わたしの対し方は平安と愛――**わたしは聖霊によって、愛をあなたの心に注いでいる。**

◆コロサイ3・13、イザヤ61・10、エペソ1・7～8、ローマ5・5

10月29日

わたしのもとにしばらくとどまっていなさい。

今日の活動に飛びこんでいこうとする衝動の手綱を、ぐっと引き締めて……。

あなたの一日をわたしとふたりだけで始めることは、成功の備えには欠かせないものだ。

一流のアスリートは実際に筋肉を動かす前に、時間を取って、すばらしい成果を達成するための心の準備をする。

同様に、あなたがわたしのもとで静まる時間を取ることは、あなたのこれからの一日に対する備えとなる。

今日、あなたに何が起こるかは、わたししか知らない。

わたしは、あなたが道を進んでいくときにそれらの出来事に遭遇するように計画した。

もしもあなたが旅の備えを適切にしていなかったら、あなたは**気力を失い、疲れ果ててしまう。**

わたしがあなたに活動の準えをしているあいだ、わたしと一緒に心を休めていなさい。
◆エペソ2・10、ヘブル12・3

10月30日

わたしは、あなたとともにいる……あなたとともにいる……ともにいる。

天国の鐘が、わたしのこの約束を繰り返し鳴り響かせている。

中には、あの鐘の音を一度も聞いたことのない人もいる。彼らの思いは地に縛りつけられ、彼らの心はわたしに対して閉ざされているからだ。

生涯に一度か二度だけ、鐘の音を聞く人もいる。それは彼らにとって、ほかの何よりもわたしを求めるごくまれな瞬間なのだ。

わたしの願いは、わたしの“羊”がずっとわたしの声を聞くことだ。**わたしは常にともにいる羊飼い**なのだから……。

静寂は、あなたがわたしの声を聞くことを学ぶ教室である。

初心者には、自分の心を静めるための静かな場所が必要だ。

この習慣を進めていくにつれ、あなたはどこへ行くにも静けさを携えていくことを徐々に学んでいく。

あなたが人生の本流に戻ったら、あのすばらしい鐘の音を聞きとれるようにせいいっぱい耳をすませなさい――**わたしはあなたとともにいる……あなたとともにいる……ともにいる……**。

◆エレミヤ29・12～13、ヨハネ10・14、27～28

10月31日

人の話を聞いているときも、わたしに耳をすませることを学びなさい。

あなたが注意深く耳を傾けることで彼らが心を開くなら、**あなたは聖なる地に立っている**。

あなたが適切に応答するためには、聖霊の助けが必要だ。

聖霊にあなたを通して考え、あなたを通して生き、あなたを通して愛してくださるように願いなさい。

わたし自身も聖霊として、あなたの内に生きて働いている。

もしも、聖霊の助けなしに自分だけの考えで他の人の必要に対応したら、あなたはその人に乾いたパンくずを差し出すことになる。

あなたが聖霊から聴く力と話す力を与えられるとき、わたしの**生きた水が川となり**、あなたを通して人々に**流れこむ**。

他の人の話を聞きながらわたしに耳を傾けることで、あなたがわたしの愛と喜びと平安の水路となるように……。

◆出エジプト3・5、Iコリント6・19、ヨハネ7・38～39

11月

また、私の神は、キリスト・イエスにあるご自身の栄光の富をもって、あなたがたの必要をすべて満たしてくださいます。

（ピリピ人への手紙4章19節）

11月1日

わたしに目を注ぎつづけることが難しいからといって、がっかりすることはない。

あなたの心の願いが、わたしの存在を絶えず意識することなのは、わかっている。

これは非常に高い目標だ——あなたがいくらそれを目指しても、この人生では完全に達成することは絶対にない。

自分はダメだという思いに押しつぶされないようにしなさい。

それよりも、わたしがあなたを見ているように自分自身を見るよう心がけなさい。

まず第一に、あなたは一生、わたしのそばで一緒に歩き通したいと心の底から願っている。そのことがわたしはうれしい。

あなたが率先してわたしとのふれあいを求めるたびに、わたしは喜んでいる。

そのほかにも、わたしのもとで生きると最初に決意してからあなたが成長を遂げてきたことも、わたしは気づいている。

あなたの心がわたしから迷い出していることに気がついても、驚いたり、不安になったりしなくていい。

あなたが暮らしている世界は、あなたの注意をそらそうと仕組まれてきたものだ。

あなたの道を大きく塞いで注意を乱そうとする邪魔ものをかき分けて進み、わたしと心を通い合わせるたびに、あなたは勝利を手にする。

こうした小さな勝利を喜びなさい。それによって、あなたの日々はしだいに明るく輝くものとなっていくはずだ。

◆ローマ8・33〜34、ヘブル4・14〜16

11月2日

わたしのもとで、わたしの光を受けて強くなりなさい。

わたしは、あなたの弱さを厭《いと》いはしない。逆に、あなたの弱さがわたしの力を引き寄せる。その力は、わたしに明け渡された心に、いつでも流れこもうと待っている。

しょっちゅう助けを必要としているからといって、自分を責めなくていい。

それより、あなたが必要としているものを携えてわたしのもとに来て、わたしの愛の光に満たされなさい。

わたしに明け渡した心は、たとえ厳しい状況になっても、泣き言を言ったり、反抗したりはしない。つらいときにも、勇気を奮い起してわたしに感謝する。

わたしの意思にあなた自身を明け渡すことは、最終的には信頼の行為なのだ。**気持ちを静めて信頼すれば、あなたは力を得る。**

◆詩篇116・5〜7、エペソ5・20、イザヤ30・15

11月3日

何かにあなたの計画や願いを邪魔されたら、そのたびにそれを、わたしと心をふれあうきっかけにしなさい。

このことを実践する利点はいくつもある。

ひとつめは明白だ――わたしと話すことであなたは恵みを受け、わたしとの絆が強くなる。

もうひとつの利点は、失望するようなことがあっても、あなたがそれで弱り切ってしまったりはせず、むしろ、良いことが起こるチャンスに変わることだ。

これによって困難な状況の辛さが和らぎ、逆境の最中《さなか》でも喜べるようになる。


これを実践するにはまず、日常生活でちょっとした失望を経験したときから始めてみよう。

あなたをわたしのもとから引き離すのは、多くの場合、こうしたささいな挫折なのだ。

〝挫折〟を〝チャンス〟に組み立て直すとき、あなたは失ったものよりずっと多くのものを得ることに気づく。

ただし、大きな損失をこうしたポジティブな形で受け入れられるようになるには、多くの実践を重ねなければならない。

といっても、使徒パウロの視点に立つことは可能だ。パウロはこう書いている――**私は、キリスト・イエスを知ることのあまりのすばらしさと比べて、これまで宝物のように思ってきたいっさいのことを塵芥《ちりあくた》と見なしています。**

◆コロサイ4・2、ピリピ3・7～8

11月4日

わたしと一緒に安らかな気持ちで、この日を歩き通そう。

あなたは自分であれこれ予想して、どうやって立ち向かっていこうかと心を悩ませている。ほかの日と同じように、今日も歩んでいけばいいのだ――一度に一歩ずつ……。

どうやってあれをしようかこれをしようか、と心の中で予行演習をするかわりに、わたしの存在と、次の一歩を進むことに心を向けなさい。

この日が大変な日であればあるほど、あなたはわたしからの助けを期待できる。

これは良い訓練のチャンスになる。なぜならわたしはあなたを、あなたの**大牧者**であり、王であるわたしに深く頼るように創造したのだから……。

試練のときがあなたを目覚めさせ、わたしの助けが必要なことをさらにはっきりとわからせてくれる。

何をすればいいのかわからなくなったときは、わたしがあなたの前方の道を開くのを待ちなさい。わたしが何をしているかを〝わたしは〟知っている――そのことを信じて、いつでもわたしの導きに従える準備をしておきなさい。**わたしはあなたに力を与えよう。わたしはあなたに平安を授けよう。**

◆出エジプト33・14、申命33・25、ヘブル13・20～21、詩篇29・11

11月5日

あなたは好きなだけわたしに近づいて、生きることができる。

わたしはあなたとの間に、なんの障壁も設けていない。そして、あなたが築いた障壁を壊すこともしない。

人は、自分の境遇が生活の質を決定すると考えがちだ。

そこで彼らは、その状況を自分の思いのままにしようとしてエネルギーを注ぎこむ。

物事が順調にいっていれば幸せだと感じるし、望んでいたとおりにならないと悲しんだり、挫折感を抱いたりする。

彼らが、自分の境遇と感情との、この相関関係を疑うことはめったにない。

それでも、**どんな境遇にも満足する**ことは可能なのだ。

わたしに信頼し、わたしのもとで楽しんで生きることにもっとエネルギーを注ぎなさい。自分の幸せを、境遇に左右させてはならない。

それよりも、あなたの喜びをわたしのかけがえのない約束に結びつけなさい。

わたしはあなたとともにいる。あなたがどこへ行っても、わたしはあなたを守る。

わたしは、わたしの栄光の富に応じて、あなたの必要をすべて満たす。

どんな被造物も、わたしの愛からあなたを引き離すことはできない。

◆ピリピ4・12、創世28・15、ピリピ4・19、ローマ8・38～39

11月6日

何よりも、わたしを喜ばせるように努めなさい。今日の旅路には、途中にたくさんの選択ポイントがある。

日々の決定は、すぐに決めなければいけないことがほとんどだ。

良い選択をするためには、その原則を知る必要がある。

多くの人の決断は、いつもの習慣的な対応と、自分や他人を喜ばせたいという願いを組み合わせたものだ。

これは、あなたのためのわたしの計画とは異なる。

主要な決定だけでなく、何事においてもわたしを喜ばせるように努力しなさい。

これは、あなたがわたしとの深い結びつきの中で生きることで、初めて可能となる。

わたしが存在していることがあなたの最大の喜びとなるとき、わたしが何を喜ぶか、ほとんど直観的にわかるはずだ。

すばやい〝一瞥《いちべつ》〟だけで、あなたは正しい選択をすることができる。

もっともっと、**わたしをあなたの喜びとしなさい**。あなたの行うすべてのことが、わたしの喜びとなるよう努めなさい。

◆ヨハネ8・29、ヘブル11・5〜6、詩篇37・4

11月7日

聖なる麗しさにあふれたわたしをあがめなさい。

真の美はすべて、わたしが生ける神であることを表している。

わたしはあなたの内で、わたしの業《わざ》を行っている――聖なる芸術家が、あなたの内に美を造り出しているのだ。

わたしのおもな仕事は、あなたの内から散らかったゴミや残骸を片づけて、すべて聖霊が占められるようにすることだ。

わたしが取り去ると決めたものは何でも進んで手放すように心がけることで、わたしに協力しなさい。

わたしは、あなたが必要としているものをわかっているし、そのすべてをふんだんに与えることを約束してきたのだから……。


あなたの財産や、あなたの思いどおりになる物事で安心感を得ようとしてはならない。

わたしはあなたに、わたしだけを頼りにして、わたしのもとで充実感を見出すように教えている。

これは多くの満足を得られることもあれば、ほとんど満足を得られないこともあるが、その〝どちらも〟、今のわたしの意思として受け入れなさい。

今、あなたが学んでいるのは、きつく握りしめて、自分の思いどおりにすることではなく、手放して受け入れることなのだ。

どんな場合にもわたしに信頼することで、この受容性に富んだ姿勢を養いなさい。

◆詩篇29・2（NKJV）、詩篇27・4

11月8日

困難な日々をありがたく思うことを学びなさい。あなたが旅の途中で出合う試練から、刺激を受けなさい。

わたしと一緒ならどんなことにも対処できることを、あなたは知っている。わたしとともに、荒れた土地を旅するときは、この事実を知っていることで確信を持ちなさい。

この事実は、三つの要素から成っている――わたしとの関係、聖書に記された約束、そして難局をみごとに切り抜けた過去の体験だ。


あなたの人生をふりかえって、苦難の日々を乗り切るのに、わたしがどれだけあなたを助けたか考えてごらん。

もしもあなたが〝そうだよね、でもあれはあのときのことで、これは今のことだもの……〟と思いたくなったら、わたしがどんな存在であるかを思い出しなさい。

あなた自身とあなたの環境は劇的に変化することもあるが、わたしはずっと永遠に**変わることはない**。これが、あなたの確信の基盤となる。

あなたは、わたしの中で生き、動き、存在している。

◆イザヤ41・10、詩篇102・27、使徒17・28

11月9日

わたしとともに静かに座って、不安や心配事があなたの意識の表面に、泡のように浮かびあがってくるままにしなさい。

そこに浮かんできた泡は、わたしの光を浴びて、パチンとはじけて消えていく。

ところが一部の不安は、何度も繰り返し浮かび上がってくる。とくに、将来に対する不安は……。

あなたはともすると、心の中で未来に身を置いてみようとする――明日、来週、来月、来年、そして十年後の未来に……。そして、その時々にうまく対処できない自分の姿を思い浮かべる。

あなたが見ているのは、偽りのイメージだ。なぜなら、そこにはわたしが含まれていないのだから……。

あなたが想像するそんな暗澹《あんたん》たる前途が実現することはない。わたしがいついかなるときも、〝ずっと〟あなたとともにいるからだ。

これから先のことをあれこれ考えて、心配事に襲撃されるときは、その心の中のイメージをわたしの光で覆って、それを捕獲し、武器を取り上げなさい。

そして自分自身にこう言うこと――〝イエスさまはこれからも、いつでもどこでもわたしとともにいてくださる。イエスさまの助けがあれば、わたしは立ち向かえる！〟

それから、今のこの時に戻って、わたしのもとで平安を満喫しなさい。

◆ルカ12・22～26、申命31・6、IIコリント10・5

11月10日

あなたの全身全霊をかけて、生けるわたしに集中しなさい。

わたしは確かにあなたとともにいて、わたしの愛と平安であなたを包みこむ。

あなたがわたしのもとでくつろいでいるあいだに、わたしはあなたの心をきよめ、あなたの思いを形作る。

わたしが初めに計画したとおりに、あなたを造り直しているのだよ。

わたしの静けさから今日の活動へと移るときに、

わたしに向けていた注意を放棄しないように――。

もしも何か困ったことがあったら、わたしに話しなさい。

もし今やっていることにあきてきたら、祈りと賛美で時間を埋めなさい。

誰かにイライラさせられたときは、いつまでもその人のあら探しばかりしないこと――。

あなたの心を、そっとわたしに押し戻しなさい。あなたがわたしに思いを向けつづけていれば、一瞬一瞬がかけがえのないものとなる。

どの日も、すばらしい一日になる可能性がある。いつでもどんなところでも、わたしがともにいるからだ。

◆詩篇89・15～16、Ⅰヨハネ3・19～20、ユダ24～25節、詩篇41・12

11月11日

いろいろな出来事が重なっても怖がらないこと。

今日が大変であればあるほど、わたしはあなたに、いくらでも使えるように力を与える。

あなたは、わたしがどの日も同じように力を与えると思っているようだが、そうではない。

あなたは目覚めるとすぐに、どれくらいの困難が待ち受けているかを予測し、いつもの自分の力でそれを乗り越えることができるだろうかと考える。

けれど、それは現実に即していない。

わたしはあなたの毎日に何があるかを知っているから、それに応じてあなたに力を与えている。

ある一日にわたしがあなたをどのくらい強めるかは、おもにふたつの事柄に基づいている――あなたの現状の困難度と、わたしの助けを求める依存度だ。

苦しい日々を、ふだんよりもっとわたしの力を受け取れる機会と見るようにしてごらん。

あなたに必要なすべてのものを求めてわたしに目を向け、わたしがすることを見ていなさい。**あなたの力が、あなたの生きるかぎり続くように。**

◆エペソ1・18～20、詩篇105・4、申命33・25（NKJV）

11月12日

今は、あなたの人生における豊潤の時だ――**あなたの杯は、**恵みで**あふれている。**

あなたは何週間も、険しい上り坂を重い足を引きずるようにして歩いてきた。

そして今あなたは、温かな陽光をいっぱいに浴びた緑の牧草地をそぞろ歩いている。

わたしはあなたに、**魂を生き返らせて**安息を与えてくれるこの時を、心ゆくまで楽しんでほしい。あなたのためにこの時を備えられたことを、わたしは喜んでいる。

わたしの子どもたちはときどき、わたしのすばらしい贈り物を両手を広げて受け取るのをためらうことがある。

偽りの罪悪感が忍びこんできて、〝そんなに豊かな恵みを受ける値打ちなんて、おまえにはないよ〟、とささやくのだ。

これは実にナンセンスな考え方だ。そもそも、わたしから何かを受けるに足る者などひとりもいないのだから……。

わたしの王国では、労して報酬を得ることはない。信じて受け取るのだ。

わが子がわたしの贈り物を受け入れるのをためらうとき、わたしは悲しみ嘆く。

あなたがわたしのあふれる恵みを感謝の心で受け取るとき、わたしはうれしい。

わたしの与える喜びと、あなたの受け取る喜び……あふれでるふたつの喜びが合わさって、互いの喜びとなるのだよ。

◆詩篇23・5（KJV）、ヨハネ3・16、ルカ11・9〜10、ローマ8・32

11月13日

わたしはあなたの内にいるキリスト、栄光の希望である。

あなたの手を取り、あなたと並んで歩く者は、あなたの内に生きているのと同一の者――これは、計り知れない深遠な神秘だ。

あなたとわたしは撚《よ》り合わさって、あなたの全細胞まで含めた親しい絆を作り上げている。

わたしの光はあなたを照らすだけでなく、あなたの内でも輝く。

わたしはあなたの内にあり、あなたはわたしの内にある。だから、天にあるもの、地にあるものの何ひとつとして、あなたをわたしから引き離すことはできない！

あなたがわたしのもとで静かに心を落ち着けるにつれて、あなたの内にわたしがいることがはっきりわかるようになる。

これは、**主を喜ぶこと**につながり、それが**あなたの力となる。**

希望の神であるわたしが、信仰によって得られるあらゆる喜びと平安であなたを満たし、聖霊の力によってあなたを希望に満ちあふれさせよう。

◆コロサイ1・27、イザヤ42・6、ネヘミヤ8・10、ローマ15・13（AMP）

11月14日

完全に理解され、無条件に愛されている贅沢《ぜいたく》を満喫しなさい。

わたしが見ているように、あなた自身のことを──わたしの血で清められ、わたしの義の衣をまとって輝いている姿を──自信をもって見るようにしなさい。

わたしが見ているのは、かつてわたしが創造した者──天国があなたの住まいとなるときに、実際にあなたがなる者としての、あなたの姿だ。

あなたの内にあるわたしのいのちが、あなたを**栄光から栄光へと造りかえている。**

この神秘的な驚異を喜びなさい！

あなたの内にいる聖霊の驚くばかりの贈り物を、常にわたしに感謝しなさい。

人生における今日という日を過ごすのに、聖霊の助けに頼るよう心がけなさい。

時おり小休止して、あなたの内にいるこの聖霊の導きを求めよう。

聖霊はあなたを、無理に命令に従わせようとはしないが、あなたが自分の人生に聖霊が占める場所を作るなら、あなたを導いてくださる。

聖霊の助けを得て、このすばらしい道を歩んでいきなさい。

◆詩篇34・5、Ⅱコリント5・21、Ⅱコリント3・18（NKJV）、ガラテヤ5・25

11月15日

物事に、軽い調子で取り組むようにしなさい。

何かの問題に心が向いているときのあなたは、その状況にあまりにも真剣に集中しすぎて、わたしのことを見失いやすい。

まるで今すぐ打ち負かさなければいけないと言わんばかりに、自分をその難局に向かって駆り立てる。

あなたの心は戦闘態勢に入り、あなたの身体は緊張して不安になる。

完全な勝利をおさめないかぎり、あなたは敗北感を抱く。

それより、もっと良い方法がある。

問題があなたの思いに影を落としはじめたら、その件をわたしのもとに持ちこむことだ。それについてわたしに話をして、わたしの光の中で見てみよう。

これであなたは、気がかりな問題と自分とのあいだに必要な間隔を置くことができ、わたしの視点から眺めることができるようになる。

その結果に、あなたはびっくりするだろう。時には、取るに足らないことをあまりにも深刻に考えすぎていたと、苦笑してしまうこともあるかもしれない。

この人生において、あなたは常に苦難に直面するだろう。

けれどもっと重要なのは、いつもわたしがあなたのそばにいて、あなたがどんなことに遭遇しても、それに対処するのを助けるということだ。

問題が起きても、真実を明らかにするわたしの光の中で眺めるように心がけて、軽い調子で取り組むようにしなさい。

◆詩篇89・15、ヨハネ16・33

11月16日

今日のあなたの前方に見えるのは、曲がりくねった複雑な道だ。四方八方に、脇道が延びている。あなたは、こんな迷路をいったいどうやったら通り抜けられるのかと不安に思う。

そのとき、あなたが思い出すのは、**あなたの右の手を取って、絶えずあなたとともにいる**わたしのことだ。

あなたは、**わたしの計画に従ってあなたを導く**というわたしの約束を思い浮かべて、緊張をゆるめる。

再び前方の道に目をやると、穏やかな霧に包まれてあなたの視界が霞んでいるのに気がつく。あなたが見えるのはほんの二、三歩先まで……。

そこであなたは、わたしにもっと十分に注意を向けるようになり、わたしのそばにいられることを楽しみはじめる。

霧はあなたを守り、あなたを現在に呼び戻す。わたしはすべての時間と空間の中に存在しているが、あなたがわたしとふれあうことができるのは、今、この場においてだけだ。

いつの日か、霧はもはや必要ではなくなる。あなたは、わたしとすぐ前方の道から目を離さずに、心を向けつづけることを学ぶからだ。

◆詩篇73・23〜24、Ⅰコリント13・12

11月17日

わたしの内にある者が罪に定められることは、決してない。いのちの聖霊の法則が、罪と死の法則からあなたを解放したからだ。

どうやってこの並はずれた自由の中で生きるかを知っているクリスチャンは、それほど多くない。これは彼らの相続権なのに……。

わたしはあなたを解放するために死んだのだ。わたしによって自由に生きなさい！

自由の道を歩んでいくためには、あなたは自分の心をわたしにしっかり据えつづけていなければならない。

多くの声が断言する――〝これがあなたの行くべき道だ〟。けれど、わたしの声だけが真実の道をあなたに告げる。

もしあなたがきらびやかで妖《あや》しい魅力に満ちたこの世界の道をたどっていったら、底知れぬ深い裂け目にどんどん堕《お》ちていってしまうだろう。

クリスチャンの声も、あなたを道に迷わせかねない――〝これをしなさい！〟〝あれをしてはいけない！〟〝こんなふうに祈りなさい！〟

これらの声にすべて耳を傾けたら、あなたはますます混乱してしまう。

わたしの声に耳をすませ、わたしに従う素直な羊でいることに満足しなさい。

わたしはあなたを緑の牧草地に休ませ、あなたを義の道に導く。

◆ローマ8・1〜2、イザヤ30・21、ヨハネ10・27、詩篇23・1〜3

11月18日

わたしのもとに来て、わたしの平安の中で憩いなさい。

わたしはあなたに顔を向けて、**人の理解を超えた平安**の光で照らしている。

自分で物事を判断しようと努めなくても、あなたはすべてを知っているわたしのもとでくつろぐことができる。

わたしを信じてわたしに頼るなら、あなたは心安らかで、自分が満ち足りていると感じられる。

わたしは、このように生きるようにあなたを造りあげたのだ――わたしと深くつながって生きるように……。

他の人々といるときのあなたは、彼らの期待に——現実のものか、想像したものかを問わず——応えようとしがちだ。

あなたは、彼らを喜ばせることの奴隷にでもなったような気がして、わたしの存在を意識することもあいまいになっていく。

あの人たちに認められたい、褒められたい、と頑張ったあげくに、あなたは疲れ切ってしまう。

あなたは、自分を通して流れ出る聖霊の**生きた水**ではなく、乾いたパンくずを、これらの人に与えることになる。

これはあなたのために備えた〝わたしの道〟ではない!

わたしから離れないでいなさい。たとえ、どんなに忙しいときでも——。

わたしの平安の光の中で生き、聖霊から恵みのことばをいただきなさい。

◆ピリピ4・6〜7、ヨハネ7・38、エペソ5・18〜20

11月19日

わたしに結果をゆだねなさい。

わたしが導くところにはどこへでも従い、それがどういう結果になるかをくよくよ心配しないこと。

人生は、わたしという案内人と道連れのいる冒険だと考えてごらん。

わたしと歩調を合わせることに専念して、〝今〟を生きなさい。

わたしたちの道が険しい崖にさしかかったときは、わたしの助けを得て、自分から進んで登っていくようにしなさい。

休める場所に着いたら、時間を取ってわたしのもとで元気を回復しよう。

わたしのそばで生きていく人生のリズムを楽しみなさい。


あなたはもうすでに、自分の旅の最終目的地がわかっている――天国への入り口だ。

だから、結果はわたしにゆだねて、あなたのすぐ前の道から心と目を離さないようにしなさい。

◆詩篇27・13〜14、出エジプト15・13

11月20日

わが子よ、わたしはあなたとともにいることを喜んでいる。

わたしの喜びがあなたを照らしていることを、十分に心にかけるようにしなさい。

あなたは、わたしの愛を受けるために完璧にふるまう必要はない。

それどころか、あなたがそのことばかりに気をとられていると、わたしから引き離され、あのパリサイ人たちのような形式主義に引き寄せられることになる。

これは、さりげない形の偶像崇拝（自分自身の〝良い働き〟をあがめること）になりかねない。

また、あなたの働きが自分の期待にかなわなかった場合は、深い落胆のもとにもなりうる。

あなたの行いからわたしの輝かしい存在へと、焦点を移しなさい。

わたしの愛の光は、あなたの感情や行動にかかわらず、常にあなたを照らしている。

あなたの責務は、この無条件の愛を受け入れることだ。

それを受け取るためにもっとも重要なものは、感謝と信頼である。

すべてのことにおいてわたしに感謝し、**どんなときにもわたしに信頼しなさい。**

この簡単な教えを実践すれば、あなたは常に心を開いてわたしの愛を受け入れることができる。

◆エペソ2・8〜9、エペソ3・16〜19、詩篇62・8

11月21日

今日は一日、〝わたしがともにいること〟、〝わたしの平安を得られること〟を感謝しなさい。

これらは、超自然的な計り知れない贈り物だ。

復活以来ずっとわたしは、わたしに従う人々を、次のように言って励ましてきた――**あなたに平安があるように。わたしはいつもあなたとともにいる。**

このメッセージを、わたしの平安を豊かに与え、常にあなたのそばにいる約束として聞きなさい。

この輝かしい贈り物を受け取る最良の方法は、それをわたしに感謝することだ。

わたしに感謝し、わたしを賛美するためにどれだけ時間を費やしても、費やし過ぎることはない。

わたしは、何よりもまずわたしをあがめるようにあなたを創造したからだ。

感謝と賛美は、あなたをわたしとの適切な関係に導き、わたしの豊かさがあなたの中に流れこむ道を開く。

わたしの存在と平安とを感謝することで、あなたはわたしの限りなく豊かな贈り物を受け取ることができるのだ。

◆ルカ24・36、マタイ28・20、ヘブル13・15

11月22日

感謝の姿勢は、天国の窓を開く。

霊的な恵みは、永遠に通じるそれらの窓を通して、あなたにふんだんに注がれる。

それだけでなく、あなたが感謝の心で見上げると、それらの窓から栄光をかいま見ることができる。

あなたはまだ天国で住まうことはできないが、あなたの究極の住処《すみか》をあらかじめ少しだけ経験できるのだ。

そうした天の正餐を試食することで、あなたの希望はよみがえる。

感謝の気持ちは、あなたにこうした経験をする機会を与え、それがまたさらなる感謝の要因となる。こうしてあなたの道は、どこまでも高まる喜びのうちに、らせんを描いて上昇していく。

感謝は、何かの魔法の手法のようなものではない。あなたが親しくわたしと心を通い合わせるための愛の言葉だ。

感謝の姿勢とは、どれほど多くの問題があっても現実を否定することではない。

それどころか、試練と苦難の只中でも、あなたの救い主であるわたしのゆえに喜ぶことだ

わたしはあなたの避け所《どころ》であり、力である。苦難のとき、必ずそこにいて、あなたを助ける。

◆ハバクク3・17〜18、詩篇46・1（AMP）

11月23日

あなたがわたしのもとで静かに座っているとき、わたしはあなたの心を感謝で満たす。

これが、感謝の姿勢を身につけるいちばんの近道だ。

あなたの心の向かう先が必要なら、あなたのために注ぎ出された十字架上のわたしの愛を見つめなさい。

天にあるものも地にあるものも、あなたをその愛から引き離すことは決してできないことを思い起こして……。

このことを心に留めることで、あなたの内に感謝の土台が築かれる。周囲の状況に揺るがされない土台が――。

今日の旅路を歩みながら、道のあちこちに計画的に置かれた小さな宝物を探してごらん。

わたしはあなたに先立って進み、あなたの一日を明るくするちょっとした喜びを、愛をこめて植えつける。

注意深く探して、ひとつずつ摘んでいこう。

一日が終わるときには、愛らしい花束ができている。感謝の心で、それをわたしにささげなさい。

わたしの平安を受け取って、眠りにつきなさい。心の中で、感謝の思いが子守唄を奏でるのを聞きながら……。

◆ローマ8・38〜39、詩篇4・7〜8

11月24日

感謝の心は、逆境の苦痛を和らげる。

わたしがあなたに、**あらゆることについて感謝しなさい**、と教えているのは、この理由によるものだ。

次のやりとりには、神秘的な要素がある——あなたは（あなたの気持ちには関係なく）、わたしに感謝を与え、わたしは（あなたの現状には関係なく）、あなたに喜びを与える。

これは、従順の——時には絶対的な従順の——信仰による行いだ。

わたしを深く知らない人々にとっては、耐えがたい辛苦に対してわたしに感謝するなんて道理にあわない、いや、ありえないことのように見えるだろう。

それでも、このような形でわたしに従う人々は、ずっと変わることなく恵みを受ける。たとえ、苦難が残るようなことがあったとしても……。

感謝することで、あなたはわたしに対して心を開き、わたしの思いを自分の思いとする。

あなたは今でも同じ場所に、同じ状況のもとにいるかもしれない。けれど、まるで明かりのスイッチが入ったかのように、わたしの視点で物事を見られるようになる。

逆境の苦痛を和らげてくれるのは、まさにこの**わたしの顔の光**なのだ。

◆エペソ5・20、詩篇118・1、詩篇89・15

11月25日

今日の旅路をたどりながら、たびたびわたしに感謝しなさい。

これを実践することで、使徒パウロが**絶えず祈りなさい**、と教えたことが可能になる。

絶えず祈ることを真剣に学びたいと思うなら、最善の方法がある。どんな場合にもわたしに感謝することだ。

これらの感謝の祈りはしっかりした土台となり、あなたはその上にほかの祈りをすべて積み上げていくことができる。

それだけではない。感謝の姿勢によって、あなたはわたしともっと心を通わせやすくなる。

あなたの心がわたしへの感謝で占められているとき、あなたは心配する暇も愚痴をこぼす暇もない。

あなたが感謝を表すことを一貫して実践すれば、マイナス思考のパターンはどんどん弱まっていく。

感謝の心で**わたしに近づきなさい。わたしは喜びと平安であなたを満たそう。**

◆Iテサロニケ5・16～18（KJV）、ヤコブ4・8、ローマ15・13

11月26日

これはわたしが設けた日である!

あなたが人生におけるこの日を喜ぶなら、それはかけがえのない贈り物と有益な訓練とをあなたにもたらすだろう。

わたしと一緒に感謝の本道を歩もう。そうすればあなたは、わたしがあなたのために用意したすべての喜びを見つけることができる。

感謝する気持ちを守るためには、あなたが住んでいる世界は堕落していて、恵みと悲しみとが奔放に混ざりあっていることを忘れてはならない。

多くのクリスチャンが、常に不運にばかり目を向け、挫折を味わっている。

彼らは美しい輝きに満ちた一日を歩んでいるのに、自分の陰鬱な灰色の思いしか見ていない。

感謝をささげる習慣を顧みないことが、彼らの心を暗くしてきた。

常にわたしに感謝することを忘れないわたしの子どもたちは、なんと愛《いと》しく大切なことか……。

彼らはどんなに暗い日々も、心に喜びを抱いて歩み抜くことができる。それは、わたしの光がずっと自分たちを照らしていることを知っているからだ。

わたしが設けた日を楽しみ喜びなさい。わたしは常に変わらぬあなたの道連れなのだから……。

◆詩篇118・24、詩篇116・17

11月27日

感謝の思いが、あなたの心を支配するようにしなさい。

あなたが人生における恵みをわたしに感謝すると、驚くべきことが起こる。

まるで**あなたの目からうろこが落ちたかのように、**わたしの輝かしい富がもっとよく見えるようになるのだ。

こうして開かれた目であなたは、わたしの宝庫から自分の必要なものをなんでも手に入れられるようになる。

わたしの黄金の贈り物を受け取るたびに、感謝をこめてわたしの名前をたたえ、賛美しなさい。〝ハレルヤ〟は天国の言葉であり、あなたの心の言葉にもなるのだよ。

賛美と感謝の人生は、奇跡に満ちた人生となる。何もかも思いどおりにしようとするのではなく、わたしとわたしの働きに心を向けなさい。

全身全霊でわたしに集中すること――これこそが、賛美の力となる。

わたしは、このように生きるようにあなたを創造した。わたしは自分に似たものとしてあなたを造ったのだから……。

賛美と感謝にあふれて、豊かな人生を楽しみなさい。

◆コロサイ3・15、使徒9・18、黙示録19・3～6、詩篇100・4～5

11月28日

わたしの変わらない愛を深く信頼して、安らぎなさい。

あなたの心も身体も魂もわたしのもとで、ゆったりとくつろがせて……。

あなたをわずらわせていることは何でもわたしに任せて、すべての注意をわたしに向けられるようにしなさい。

あなたへのわたしの愛の果てしない大きさに、畏怖の念を抱きなさい――わたしの愛は、あなたの知っているどんなものよりも広く、長く、高く、深い。

このすばらしい愛が永遠にあなたのものであることを喜びなさい！

この輝かしい贈り物に対する最高の応え方は、感謝にあふれた人生だ。

わたしに感謝するたびにあなたは、わたしがあなたの主であり、必要なものをすべて備える神であることを思い起こす。

感謝して受け取ること――これこそ、神の子どもとにふさわしい心構えだ。

わたしのもとに感謝のささげ物を携えてきて、わたしがどれだけ多くの恵みをあなたに与えるかを見ていなさい。

◆Iペテロ5・7、エペソ3・16～19、詩篇107・21～22

11月29日

わたしの平安に、心の奥底まで満たされなさい。わたしの光の中で静かに座っているとき、あなたは自分の内に平安が増していくのを感じることができる。

これは、自己鍛練や精神力によってあなたが獲得したものではない。あなた自身を開いて、わたしの恵みを受け取ることによるものだ。

この自立の時代においては、人は自分の必要を認めにくくなっている。

けれどもわたしはあなたを、わたしに対する必要がよく見える道に導いてきた――あなたの強さは不十分で、あなたの弱さがまぎれもなく明らかな状況にあなたを置くことで……。

　こうした荒野の旅の不毛さを通して、わたしはあなたをますますわたしの近くに引き寄せてきた。あなたはもっとも荒涼とした場所にも、平安の花が咲きみだれているのを見つけた。

　そして、苦難の時と辛い旅とをわたしに感謝することを学んできた。それらを通して、わたしが最高の業《わざ》を成し遂げることを信じて……。

　あなたは、わたしを必要とすることが、わたしを知るための秘訣だと気づいた。わたしを深く知ることこそ、どんな贈り物にもまさるすばらしい贈り物なのだ。

◆イザヤ58・11、イザヤ40・11

11月30日

　さまざまな問題は、もはや人生の一部になっていて、回避することはできない。この堕落した世界という織物に、織りこまれてしまっている。

　あなたは、なんでも解決できる能力があるといわんばかりにふるまい、すぐに問題を解決する態勢に入る傾向がある。

　これは無意識のうちに行われる習慣的な反応なので、意識して考えることをやめてしまう。

　この習慣はあなたに挫折感を味わわせるだけでなく、あなたをわたしから遠ざけることにもなる。

　物事を解決することを、あなたの最優先事項としてはいけない。

まわりの世界の間違っていることをすべて正そうとしても、あなたにはその力はほとんどない。自分の責任でもないことに押しつぶされないように——。

それよりも、わたしとの関係をあなたの最大の関心事にしなさい。

あなたの心に浮かんだことはなんでもわたしに話して、その局面におけるわたしの見解を尋ねてごらん。

あなたの注意をひく問題を何もかも解決しようとしないで、何が本当に重要なのか示すようにわたしに願いなさい。

あなたは天国に行く〝途中〟だということを忘れずに……。あなたの問題も、永遠の光の中に消え失せていくはずだ。

◆詩篇32・8、ルカ10・41〜42、ピリピ3・20〜21

12月

ひとりのみどりごが、私たちのために生まれる。
……その名は、「不思議な助言者、力ある神、
永遠の父、平和の君」と呼ばれる。
（イザヤ書9章6節）

12月1日

わたしは、とこしえの愛をもってあなたを愛する——永遠のかなたからあふれ出る愛で……。

あなたの生まれる前から、わたしはあなたを知っている。

誕生前から天国まであなたを包みこむ愛——畏怖の念を起させるその愛の神秘を、じっくり考えてみよう。

現代人は、永遠に対する見方を失ってしまった。大きく口を開けて待ちかまえている死から気をそらせるために、人は絶えまない活動や娯楽に没頭する。

わたしのもとで静まって過ごす習慣は、ほとんど忘れられた技法となっている。それでも、わたしの永遠の愛をあなたが経験することを可能にするのは、まさにこの、心を静めることによってなのだ。

あなたが人生の嵐を切り抜けるためには、わたしの愛への確信が必要だ。

厳しい試練のあいだは、たとえ最高の神学でも、わたしに対する経験に基づいた知識がともなわなければあなたの役には立たない。

人生の嵐のあいだ、沈まないようにあなたを守る究極の方法は、わたしとの親交を深めるために時間をささげることなのだよ。

◆エレミヤ31・3、哀歌3・22〜26

12月2日

わたしは平和の君である。

弟子たちに言ったように、あなたにも言う――「あなたに平安があるように」、と……。

わたしはあなたの常に変わらぬ道連れだから、わたしの平安は決してゆるぐことなく、あなたを離れない。

わたしにずっと心を向けていれば、あなたはわたしの存在と、わたしの平安のどちらも感じることができる。

わたしを王の王、主の主、平安の君として礼拝しなさい。

あなたは、人生におけるわたしの目的を成し遂げるために、常にわたしの平安を必要としている。

時には、目的地にできるだけ早く到達するために、近道をしたい誘惑にかられることもあるだろう。

けれど、近道をすることが、わたしとわたしの平安に背を向けることになるなら、あなたはそれよりも遠い道を選ばなければならない。

わたしとともに平安の道を歩み、わたしとの旅を楽しみなさい。

◆イザヤ9・6、ヨハネ20・19～21、詩篇25・4（NKJV）

12月3日

あなたの心に激しい攻撃を受けても、驚いてはいけない。

懸命にわたしを見出し、わたしの平安のうちに生きようとするとき、希望を失わないようにしなさい。

あなたは霊的な大戦争に参戦しているのだから……。

邪悪な者――サタンは、あなたのわたしとの親密さを激しく憎悪し、その手下である悪霊どもは、わたしたちの親しい関係を断固、破壊しようとしている。

戦いの真っ只中にいることに気づいたら、わたしの名前を呼びなさい――〝イエスさま、助けて！〟と……。

その瞬間に、戦いは〝わたしのもの〟となる。あなたの役目は、わたしがあなたのために戦うことを信じてゆだねることだけだ。

わたしの名前は、正しく用いられれば、恵みと守りを与える限りない力を発揮する。

この世の終わりのときには、**わたしの名前が宣言され、（天にあるもの、地にあるもの、地の下にあるものの）すべてがひざまずく。**

わたしの名を下品な罵《ののし》りの言葉に使ってきた人々は、その恐るべき日に恐怖におびえながら倒れるだろう。

けれど、信頼をこめてわたしの名前を口にすることで、わたしのそばに引き寄せられてきた人たちは、一人残らず**言葉では言い尽くせないすばらしい喜び**に満たされる。

これはわたしが世に戻るのを待つあなたの、大いなる希望なのだ。

◆エペソ6・12、Ⅰサムエル17・47、
ピリピ2・9〜10、Ⅰペテロ1・8〜9

12月4日

わたしの思いは、あなたの思いと異なり、わたしの道はあなたの道と異なる。天が地を高く超えているように、わたしの道はあなたの道を、わたしの思いはあなたの思いを、高く超えている。

わたしと時を過ごすときは、わたしが生ける神であることを思い起こしなさい。

天地万物の王と、いつでもどこでも親しく心を通わせられることに、驚きと感嘆の念を抱きなさい。

この驚くばかりの特権を、決して当然のことと思ってはならない！

わたしはあなたよりはるかに高く偉大だが、あなたがわたしと同じ思いを持つように訓練している。

わたしのもとで時を過ごすにつれて、あなたの心の中にわたしの思いがだんだん形作られていく。

聖霊が、この過程を導く指導者だ。

聖霊は、時には聖句をあなたに思い出させ、ときにはあなたに直接〝語りかける〟わたしの声を聞けるようにしてくださる。

こうした心のふれあいがあなたを強め、これから先、あなたの人生の旅路に何があっても対処できるように備えさせてくれる。

時間をかけて、わたしの声に耳を傾けなさい。

あなたが貴重な時間をささげることで、わたしはあなたがどんなに大きなものを求めようと、それよりはるかに大きな恵みをあなたに与える。

◆イザヤ55・8～9、コロサイ4・2、詩篇116・17

12月5日

あなたが経験することはすべて、わたしの支配のもとで行われていることを忘れないようにしなさい。

輝く光のベールのようにわたしは、あなたとあなたのまわりのすべてのものを上から覆う。わたしは、あなたがどんな事態に遭遇してもわたしから心をそらさないように訓練している。

族長ヤコブが、怒り狂った兄から逃げ出したとき、行き着いたのは、人けのない荒涼とした土地だった。ヤコブはその場所で、石を枕にして眠りについた。

ところが、天国と天使とわたしの約束の夢を見たヤコブは、目を覚まして叫んだ――「まことに主がこの場所におられるのに、わたしは知らなかった」

ヤコブの発見は、ヤコブだけではなく、わたしを求めるすべての人にあてある。

わたしから離れている気がするときは、いつも〝確かに主がこの場所におられる！〟と言って、わたしの存在に気づくようにわたしに願いなさい。

喜んでわたしは、この祈りに応えよう。

◆詩篇31・20、創世28・11〜16

12月6日

わたしの近く――可能なかぎり近くにとどまっていなさい。そうすれば、わたしがあなたのために備えた道からはずれることはないから……。

これが本道にとどまるもっとも効果的な方法だ。同時に、もっとも楽しめる道でもある。

人は敬虔な行いを順守することで、義務を増やす傾向がある。

これを実践することで、彼らはわたしにお金や時間、労力を差し出すようになるが、わたしがいちばん望んでいるものを明け渡すことはない――それは、彼らの心である。

規則は機械的に守ることが可能だ。ひとたび習慣になれば、最小の努力で、ほとんど何も考えずに守ることができる。

こうした習慣性のある規則は、偽りの安心感をもたらし、魂をだまして眠った状態にさせる。

わたしが、わたしの子どもたちの内に探し求めているのは、わたしの存在の喜びにうち震える目覚めた魂だ。

わたしは人間を、永遠にわたしをあがめ、わたしを楽しむように創造した。

わたしは喜びをもたらす――あなたの役目は、わたしの近くで生きることでわたしの栄光をたたえることだ。

◆申命6・5、コロサイ3・23、詩篇16・11

12月7日

あなたが何をするときも、わたしはあなたのそばにいる。たとえ、どんなにつまらないものに見える仕事をするときにも――。

わたしは常にあなたのことを意識している。あなたの人生のすみずみまで、気にかけている。

わたしに気づかれないことはひとつもない――**あなたの髪の毛の数さえも……**。

それなのに、あなたのわたしへの意識は揺らいだり、とぎれとぎれになったりする。その結果、あなたの人生経験は断片的なものに感じられてしまう。

心の焦点を広げて、自分の思いの中にわたしを含めれば、あなたは安心感と満足感を得る。

さまざまな問題や細かいことにこだわって理解力が狭まると、あなたは虚しさや不満足感を抱くようになる。

どんなときもどんな場合にも変わりなく、しっかりわたしを見ることを学びなさい。

世界は不安定で絶えず変化しているが、わたしの存在をずっと意識しつづけることで、あなたは変わらない確かさを経験できる。

あなたの目の前で、見える世界がこれ見よがしに見せつけても、**見えないものに目を据えなさい。**

◆マタイ10・29〜31、ヘブル11・27、IIコリント4・18

12月8日

あなたの必要とわたしの豊かさは、完璧に一致している。わたしはあなたを、必要をすべて自分で満たすことのできる者としては造らなかった。

それどころか、日々の糧だけでなく、心からの願いをかなえるためにわたしを必要とするようにあなたを造ったのだ。

わたしは、あなたがわたしに心を向けるように、注意深くあなたの願いや自分が完全ではないという思いを造り上げた。

それだから、こうした感情を忘れようとしたり、否定しようと努める必要はない。

また、これらの願望を、人や財産や力などという、わたしより劣る神々で静めようとしないように気をつけなさい。

あなたの必要をすべて携えてわたしのもとに来なさい。身がまえたりせずに、恵みを受けたいという願いを抱いて……。

わたしのもとで時を過ごすうちに、あなたの深い願望は満たされる。

あなたの必要を喜びなさい。そのおかげであなたは、わたしによって完全なものとなれるのだから……。

◆ピリピ4・19、コロサイ2・2〜3

12月9日

わたしと一緒に危険な道を行くことも厭《いと》わないようにしなさい。

そこへわたしが導いているのなら、それはもっとも安全な場所なのだから……。

危険の恐れのない生活を送りたいというあなたの願いは、一種の不信仰だ。

わたしのそばで生きたいというあなたの切望は、危険を最小限のものにしようとするあなたの努力とは相容《あいい》れない。

あなたは人生行路の岐路にさしかかっている。

心からわたしに従うためには、あなたは危険を避ける傾向を捨てなければならない。

この日を一歩一歩、わたしに導かれるままに進みなさい。

あなたの心が何よりもわたしに向いていれば、あなたは恐れることなく、危険な道を歩んでいける。

その結果、あなたは安心してわたしとの冒険の旅を楽しむことを学ぶ。

あなたがわたしのそばを離れないかぎり、至高の主権者であるわたしがどこへ行くにもあなたを守る。

◆詩篇23・4、詩篇9・10、ヨハネ12・26

12月10日

安全を求めるなら、わたしにすべてを預けなさい。

あなたはいまだに心の中で、自分の世界を支配して、予測可能で安心感の得られるものにしようとひそかに思っている。

これは不可能な目標というだけではない。霊的な成長には逆効果となる。

自分の世界が不安定に感じられて、支えを求めてわたしの手を握りしめるときのあなたは、わたしを頼みとしていることをしっかり意識して生きている。

問題のない人生を切に願うよりも、問題があるからこそ、わたしの存在への意識が強調されるのだということを喜びなさい。

あなたは逆境の闇の中でも、わたしの顔の輝きをもっとはっきり見ることができる。

この人生における問題の価値を認め、**試練を、**

この上ない喜びと思いなさい。問題とは無縁の永遠の人生が、天国であなたを待っていることを忘れずに……。

◆イザヤ41・10、詩篇139・10、ヤコブ1・2

12月11日

わたしは、あなたのために労している。わたしのもとに、あなたが気にかけていることをすべて携えてきなさい。あなたの夢も忘れずに――。

何もかもわたしに話して、あなたの希望や計画がわたしの光に照らされるように……。わたしの光があなたの夢を活気づけ、しだいに現実に変えていく時間を過ごしなさい。

これはわたしと協力して夢をかなえる、とても実際的な方法だ。わたしは天地万物の創造主であるけれど、身を低くしてあなたとの共同作業にあたっている。

この進行を急がせようとしてはならない。あなたがわたしと一緒に働きたいと思うなら、わたしの時間枠を受け入れる必要がある。急ぐことは、わたしの本質ではない。アブラハムとサラは、息子を与えるというわたしの約束が成就するまでに、何十年も待たなければならなかった。

長いあいだ待ちこがれたことで、この子どもを授かったときのアブラハム夫妻の喜びが、どれほど強められたことか！

信仰とは、望んでいる事柄を確信し、五感で感知できないものを事実として認めることである。

◆詩篇36・9、創世21・1〜7、ヘブル11・1（AMP）

12月12日

わたしはあなたのことを、いつも心にかけている。

わたしの愛に包まれている温かさを味わって安心しなさい。

あなたの人生は、細部にいたるまですべてわたしの支配下にある。

それだけでなく、**わたしを愛し、わたしの計画と目的に従って召された者たちのために、わたしがすべてのことを働かせて益とする。**

世界が常軌を逸して堕落した状態なので、人は偶然が万事を支配していると考えがちだ。

さまざまな出来事はなんの脈略もなく起こって、意味はまったくないか、あってもごくわずかにしか見えないかもしれない。

世界をこんなふうに見る人は、ひとつの根本的な事実を見逃してきた――人間の理解力には、限界があるということだ。

自分の住んでいる世界についてあなたが知っていることは、氷山の一角にすぎない。目に見える世界の水面下に沈んでいるのは、あまりにも巨大すぎてあなたには理解できない神秘である。

わたしがどんなにあなたの近くにいるか、どんなにいつもあなたのために労しているかを、あなたが見ることができさえすれば！

そうすればあなたは、わたしがあなたのことをこの上なく気にかけていることを、二度とふたたび疑いはしないだろう。

だからこそあなたは、神秘に満ちた至高の存在であるわたしに信頼して、**目に見えるものによらず、信仰によって**生きていかなければならないのだ。

◆ローマ8・28（AMP）、ヨブ42・1〜3、Ｉペテロ5・7、IIコリント5・7

12月13日

聖なる者となる時間を取りなさい。

この〝聖なる〟という言葉は、〝善人気どりの〟とか〝信心家ぶった〟という意味ではない。〝神の御用のために取り分けられる〟という意味だ。

わたしのもとで静かな時間を過ごすことが、あなたの内に働いて、あなたを〝聖なる者〟としていくのだ。

あなたがわたしだけに専心するようになるにつれて、あなたはしだいに造り変えられていく。わたしはあなたを、このような人にするという計画を定めている。あなたは、その計画された姿へと造り直されていくのだよ。

この過程には、わたしと心を通わせるために取り分けておくまとまった時間が必要となる。

この〝聖となる時間を取る〟ことを実践する利点は、限りしれない。

わたしの光を浴びることで、心と身体の癒しは増大する。

わたしのすぐそばで親しくふれあうことで、あなたの信仰は強められ、平安で満たされる。

あなたは自分自身を開いて、わたしがあなたのために用意した多くの恵みを受け取る。

あなたはきよめられて**聖霊が住む神殿となる**。

聖霊には、**あなたの願いや思いのすべてをはるかに超えたことを**、あなたの内に、またあなたを通してほかの人々に成し遂げることができる。

これは、わたしのもとで静かな時間を過ごすことで得られる恵みの、ほんの一部なのだ。

◆IIテサロニケ1・10、詩篇27・4、Iコリント6・19、エペソ3・20

12月14日

わが子よ、わたしの中で休みなさい。この世の悩みは忘れて……。

わたし（インマヌエル）に思いを集中し、生ける神であるわたしの平安に包まれなさい。

わたしが永遠に保証する安全に心を向けなさい。**わたしは、きのうも今日も、永遠に変わることがないからだ**。

もしもあなたが、常に変化する現象に気をとられて人生のうわべだけで生きていたら、いつかはソロモンの言葉を繰り返すことになるだろう――**なんという空《むな》しさ！　なんという空しさ！　すべては空しい！**

あなたの毎日に意味を浸透させていくには、わたしと協力して生きていけばいい。

わたしとふたりだけで一日を始めるようにしなさい。そうすれば、わたしが本当に存在していることを経験できるから……。

わたしと時を過ごすうちに、あなたの前の道は一歩一歩開けていく。

わたしとの静かな心のふれあいから立ちあがって、徐々に一日の旅を始めなさい。

わたしの手を握りしめてわたしを頼みにすれば、わたしはあなたの道筋をまっすぐにする。
◆ヘブル13・8、伝道者1・2、箴言3・6

12月15日

あなたの天国へのあこがれは正当なものだ。それは、わたしへの思慕の延長線上にあるものだから……。

天国の希望はあなたを強め、励ましてくれるものだ。あなたをすばらしい喜びで満たしてくれる。

多くのクリスチャンはこの〝希望〟という言葉を誤解している。願いがかなったらいいなあ、という〝願望〟という意味だと信じこんでいるのだ。これほど真実から遠いものはない！

わたしがあなたの救い主となったとたんに、天国はあなたの最終的な目的地となった。

天国の希望という言葉が強調しているのは、まだあなたが地上にとどまっている間でさえ享受できる恵みのことだ。

この希望は、逆境の闇のときでも、あなたに霊的な活力を与えつづけてくれる。あなたの道を明るく照らし、あなたのわたしへの意識を高めてくれる。

わたしの願いは、**あなたが聖霊の力によって希望に満ちあふれる**ことなのだよ。
◆ローマ8・23〜25、ヘブル6・18〜20、ローマ15・13

12月16日

わたしは、あなたの内の奥深くから語っている。静まって耳をすませば、わたしの声が聞こえるはずだ。

わたしが語っているのは愛の言葉……わたしの言葉はあなたを、いのちと平安、喜びと希望で満たす。

わたしは、わたしのすべての子どもたちと話したいと強く願っているのに、忙しすぎて耳を傾けない者が多い。

〝勤労を善とする労働観〟のせいで、にっちもさっちもいかなくなっているのだ。

彼らは、この労働観という主人に心の底から服従している。どうしてわたしからこんなにも離れてしまった気がするのだろう、といぶかしく思いながら……。

わたしのそばで生きるには、わたしをあなたの**第一の愛**――あなたが最優先するもの――としなければならない。

わたしをほかの何よりも尋ね求めるなら、あなたは平安と喜びを満喫することができる。

あなたが人生においてわたしを第一とするとき、わたしもまた恵みを受ける。

あなたがわたしのもとで人生の旅路を行くあいだ、**わたしの栄光があなたのまわりの世界を輝き照らす。**

◆イザヤ50・4、黙示録2・4、イザヤ60・2

12月17日

あなたの心の中にぽっかりとあいた空しさを抱えて、わたしのもとに来なさい。わたしの中で満たされることを確信して……。

わたしのもとで静かに心を休めていると、あなたの内にあるわたしの光は、ますます輝きを増していく。

あなたの中の空しさと向き合うことは、わたしの豊かさに満たされる先駆けにすぎない。だから、あなたがベッドから身をはがすようにして起き、身体がちゃんと動かないように感じる日々を、喜びなさい。

今日は、子どもみたいにわたしを信じて頼るのに完璧な日だと、自分に言い聞かせて……。

あなたが一日じゅうずっと、わたしに頼る気持ちを持ちつづけたら、就寝のときに、喜びと平安があなたの道連れになってくれていたことに気がつくだろう。

どの時点で、喜びと平安があなたの旅に加わったかはわからないかもしれないが、そのことで有益な影響を受けたことは感じるはずだ。

そんな日の理想的な終わり方は、感謝をもってささげる賛美だ。すべての恵みは、わたしからあふれ出る！

◆Ⅱコリント4・6、マタイ5・3、6、コロサイ2・9〜10、詩篇150・6

12月18日

執拗につづく――なかなか解決できない――問

題に悩まされるとき、そのことを貴重な機会に恵まれたと考えなさい。

長引いている問題は、常にあなたの隣にいる家庭教師のようなものだ。

きちんと学ぶことができるかどうかは、ひとえにあなたの学習意欲にかかっている。

問題が与えられたことを、信仰によってわたしに感謝しなさい。

この困難を通してわたしが成し遂げているすべてのことに対して、あなたの目と心が開かれるように、わたしに願いなさい。

ひとたび、あなたが感謝の気持ちで向かうようになると、その問題はあなたを弱らせる力を失う。

一方、あなたの感謝の姿勢は、わたしのいる聖なる高みにあなたを引き上げる。

その視点から見下ろすと、あなたの困難は、く**らべものにならないほど重みのある永遠の栄光をもたらす一時《いっとき》の軽い患難**と、見なすことができるのだ。

◆イザヤ30・20〜21、Ⅱコリント4・17（AMP）

12月19日

あなたの人生におけるがらくたに、押しつぶされないようにしなさい——順番は決まっていないが、いつかは片づけなければならないこまごました雑用の山に……。

もしもこれらの取るに足らない用事のことばかり気にして、全部片づけようとしたら、いくら頑張ってもきりがないことに気づくだろう。

たくさんつぎこめばつぎこむだけ、時間を食われてしまいかねない。

あなたの用事をすべて一度にすませようとするかわりに、今日やらなければならないものを選ぶこと——。

　残りは心の奥に押しやって、わたしがあなたの意識の最前線に出られるようにしなさい。あなたの最終目標は、わたしが主導権を握るのにまかせて、わたしのそばで生きていくことだということを忘れないように——。

　あなたの心がすっきり片づいてわたしに向けられるとき、今度は楽に心を通い合わせることができる。

　今日一日、絶えずわたしの顔を尋ね求めなさい。

　わたしによってあなたの思いに秩序がもたらされ、あなたのすべてが平安に満たされるように……。

◆箴言16・3、マタイ6・33

12月20日

　わたしが人間という身分になって、もっともつつましい境遇で誕生したとき、わたしの栄光は、わずかな人々以外には隠されていた。

　ときおり、栄光が一条の光のようにわたしから輝き出ることがあった。とくに、わたしが奇跡を行いはじめてから——。

　十字架につけられて命の終わりが近づいたとき、わたしは、父なる神のご計画に許された以上に、わたしの力を行使することはなかった。そして人々から、〝おまえの神としての力を見せてみろ〟、と挑発され、嘲《あざけ》られた。

　わたしはどの時点でも、わたしを救うために天使の軍団を呼び寄せることができたのだ。

殉教に直面している者が、そうしようと思えば自由の身になれるとしたら、どれほどの自制心が必要とされることだろう。

これはすべて、あなたが今、享受しているわたしとの関係を生み出すために必要なことだった。栄光に満ちたわたしの存在を世界に宣べ伝えることで、あなたの人生をわたしへの賛美の歌としなさい。

◆ヨハネ2・11、ルカ23・35〜36、詩篇92・1〜5

12月21日

わたしが立てたあなたの人生の計画が、あなたの前に明らかになりつつある。

時には、あなたが旅している道が塞がれているように見えることがある。あるいは、苦痛になるほどゆっくりとしか見通しがきかなくて、自分を抑えこまなければならないことも――。

そして時機が来れば、前方の道の視野が突然開ける――あなた自身はなんの努力もしないのに……。

あなたが願い求め、そのために労してきたものを、わたしは好きなだけあなたに与える。純然たる贈り物として……。

あなたは、わたしがやすやすとこの世界の中で働きを行っていることに畏怖の念を覚え、**わたしの力と栄光**をかいまみる。

あなたの弱さを不安がらなくてもいい。それは、わたしの力と栄光がもっとも輝きを見せる舞台だからだ。

あなたを支えるわたしの力を頼みにして、わたしがあなたのために整えた道をたゆまず歩きつづけながら、きっと奇跡を見ることができると期待していなさい——そしてあなたは、本当に奇跡を見る。

奇跡は必ずしも肉眼で見えるわけではないが、**信仰によって生きる**者は、はっきりと見ることができる。

目に見えるものによらず、信仰によって生きることで、あなたはわたしの栄光を見ることができるのだ。

◆詩篇63・2、Ⅱコリント5・7、ヨハネ11・40

12月22日

わたしのもとに来て、休みなさい。

神が人間の身体をとってこの地上に生まれるという壮大な神秘に思いをめぐらしながら、わたしの〝永遠の腕〟の中で憩いなさい。

わたしは聖霊によって**宿ったゆいいつの〝人〟**である。

このことは、あなたの理解を超えている。神が人間になったということについては、頭で理解しようと努めるよりも、あの博士たちの例から学びなさい。

彼らは、ひときわ目立つ星の導きに従ってわたしを探し当てると、ひれ伏して拝んだ。

賛美と礼拝は、わたしの存在という驚異に対する反応として最善のものだ。

わたしの聖なる名をたたえる歌を歌い、静かな崇拝のまなざしをわたしに注ぎなさい。

あなた自身の人生における導きの星を探して、わたしが導くところにはどこへでも従いなさい。

わたしは高いところからあなたに夜明けをもたらし、あなたの歩みを平安の道に導く光である。

◆ルカ1・35、ヨハネ1・14、マタイ2・9～11（NKJV）、ルカ1・78～79（AMP）

12月23日

わたしは目がくらむばかりの光の中に住まう王の王、主の主である。

また、あなたの牧者であり、道づれであり、友であり――あなたの手を決して離さない者だ。

栄光に満ちたわたしを礼拝し、わたしのもとに来て憩いなさい。

あなたは、神としてのわたしも、人としてのわたしも必要としている。

あなたの必要を満たすことができるのは、あのはるか昔の最初のクリスマスに人として生まれたわたしだけだ。

わたしは、あなたの罪からあなたを救うためにあのような極限の手段に訴えた。だから、**あなたが必要としているすべてのものを、わたしが惜しみなく与える**ことを確信して安心しなさい。

救い主として主として友としてのわたしへの信頼を、豊かに育みなさい。

あなたのために備えたものを、わたしは何ひとつ惜しんではこなかった。

わたしはあなたの内に住まうことさえしてきた！

わたしがあなたのためにしてきたことのすべてを喜びなさい。そうすれば、わたしの光があなたを通して世界中に輝きわたるだろう。

◆Ⅰテモテ6・15〜16、詩篇95・6〜7、ローマ8・32、Ⅱペテロ1・19

12月24日

わたしはあなたに、永遠の深みから語りかけている。

この世界が造られる前から、わたしは在《あ》る。

あなたは、自分の奥底から語るわたしの声を聞く。そこを、わたしは住まいとしてきた。

わたしはあなたの内にいるキリスト、栄光の希望……。あなたの主であり救い主であるわたしは、あなたの内に生きている。

静まってわたしを尋ね求めることで、生けるわたしに心を向けることを学びなさい。

わたしがベツレヘムに生まれた奇跡を祝いながら、あなたが生まれ変わって永遠のいのちをもつことも同時に祝おう。

この永遠の贈り物は、罪に汚れたあなたの世界にわたしが入っていくたったひとつの目的だった。わたしの贈り物を畏《おそ》れとへりくだった心で、受け取りなさい。

時間をかけて、わたしの愛の、とてつもない大きさを——広さと深さと長さを知りなさい。

わたしの輝かしい贈り物への感謝が、あなたの心からとめどなくあふれ出るように……。

わたしの平安があなたの心を支配するようにして、いつも感謝していなさい。

◆詩篇90・2（AMP）、コロサイ1・27、コロサイ3・15

12月25日

あなたがわたしのもとで熱心に待つなら、**わたしの栄光を悟る知識の光**があなたを照らす。

この輝く知識は、理解の限界を超えている。それはあなたのすみずみまで一変させる――あなたの心を清め、思いを新たにし、身体に活力を与える。

あなた自身をわたしにすっかり開いて、わたしの栄光を畏《おそ》れ敬《うやま》いなさい。


乳飲み子として地上に来たときに、わたしが放棄したものを想像してごらん。

わたしは人間と同じ者になるために、わたしの栄光を脇へ置いた。

家畜を飼う場所という劣悪な環境で、自分では何もできない幼子《おさなご》としての限界を受け入れた。

あれは、わたしにとっては暗い夜だった。天使たちが空を照らし、畏れに打たれた羊飼いたちに〝神に栄光あれ！〟と賛美していたが……。


あなたがわたしのもとで静かに座っているとき、あなたはわたしのたどった過程を逆にした経験をする。

あなたがわたしと同じ者になると、あなたの前に天国の展望が開け、わたしの栄光をかいまみせてくれるのだ。

わたしは、あなたが豊かになるために貧しくなった。

わたしの聖なる名を〝ハレルヤ！〟と賛美しよう！

◆Ⅱコリント4・6、ピリピ2・6〜7、ルカ2・13〜14、Ⅱコリント8・9

12月26日

わたしは常に——いっさいの条件なしに、惜しみなく与えつづける贈り物だ。

無条件の愛というのは、あまりにも急進的な概念なので、もっとも敬虔なクリスチャンでさえ、十分に意味を理解できずにいる。

天にも地にもひとつとして、わたしがあなたを愛することをとめられるものはない。

あなたは、自分の期待どおりの行動ができるときは、わたしにもっと愛されている〝感じがする〟かもしれない。

けれど、わたしのあなたへの愛は完全だから、変化することはない。

〝変化する〟のは、わたしの愛に対するあなたの意識なのだ。

自分の行動に満足できないとき、あなたはわたしの愛に値しないと思いこみやすい。

あなたはわたしから身を引き、わたしと距離ができたのはわたしが怒っているせいだと考えて、無意識に自分を罰しようとするかもしれない。

わたしのもとに戻ってわたしの愛を受け取ろうとはせず、さらに頑張ることでわたしの称賛を得ようとする。

そのあいだずっとわたしは、**永遠の腕**であなたを抱きしめ、わたしの愛で包みこみたいと切に願っているのに……。

自分なんか価値がない、とか、愛されていないと感じたら、わたしのもとに来なさい。

そして、**わたしの尽きせぬ愛**を受けられるように願いなさい。

◆Ⅰヨハネ4・15～18、申命33・27、詩篇13・5

12月27日

わたしはあなたに、道の先のちょうど角を曲がったところで待ち構えているものに対する備えをさせている。

わたしがあなたを強められるように、わたしのもとで静まる時間を作りなさい。

あなたが忙しくなればなるほど、それとは別に、わたしと過ごす時間がますます必要になる。

わたしとの時間を贅沢だと見なし、自分にはそんな余裕はないと考えている人が実に多い。

その結果、彼らは自分の力だけで生きて、働く──ついには、力を使い果たすまで……。

そのあとは、わたしに泣きついて助けを求めるか、苦々しい思いでわたしに背を向けるかのどちらかだ。


どんな場合にもわたしの力を頼みにし、わたしに信頼して、わたしのそばで歩むほうがどれほど望ましいことか……。

もしもこんなふうに生きるなら、あなたは今までよりも少ない〝働きで〟、はるかに多くのことを〝成し遂げる〟ことができる。

このスピード偏重の時代にあって、あなたのあくせくしない生活のペースはひときわ目立つだろう。

中には、あなたを怠け者だと考える人もいるかもしれない。けれど、あなたの平安に満たされた様子に恵みを受ける人は、それよりずっと多いはずだ。

わたしとともに光の中を歩み、わたしの姿を、あなたを興味津々で見ている世界に示しなさい。
◆イザヤ64・4、ヨハネ15・5、詩篇36・9

12月28日

わたしはあなたの避け所《どころ》であり、力である。苦難のとき、必ずそこにある助け……。それだから、あなたは何ひとつ恐れる必要はない。たとえ、どんなに状況が激変しようとも——。

メディアはテロリズム、連続殺人犯、環境破壊といった不安をあおる題材を、ますます取り上げるようになった。

もしもあなたがそうした危険にばかり目を向け、どんな場合にもわたしがあなたの逃げ場であることを忘れたら、あなたはよけいに不安になってしまうだろう。

毎日わたしは、数えきれない場所や状況でわたしの恵みを現しているが、メディアはまったく関心を寄せようとしない。

わたしはこの地球に恵みばかりか、まぎれもない奇跡までもたらしているのに……。

あなたがわたしと親密になっていくに従って、

わたしはあなたの目を開いて、あなたを取り囲むわたしの存在に、もっともっと気づくようにさせる。

大部分の人がほとんど気のつかないようなこと(たとえば、太陽の動きとともに変化していく木々や建物の影)が、あなたの心をはちきれんばかりの喜びで満たしてくれる。

あなたには見る目と聞く耳があるのだから、わたしの常に変わらない存在を世界中に宣べ伝えなさい。

◆詩篇46・1~3、詩篇89・15

12月29日

あなたの全身全霊で、わたしを信じて頼りなさい!

わたしがあなたの内に――そしてあなたを通してほかの人々に成し遂げられることは、あなたがどれだけわたしに頼っているかに比例している。

このひとつの要素が、危機や重要な決断の際の、わたしへの〝信頼度〟だ。

こういうときに、気の毒なほど失敗してしまう人もいれば、困難なときに最高の力を発揮できる人もいる。

別の要素は、さらにはっきりしている――わたしに対する信頼の〝不変性〟だ。

逆境の最《さ》中《なか》にわたしにすがる人々は、人生が平穏無事に過ぎていくと、わたしのことを忘れてしまうかもしれない。

苦難の時があなたをゆり動かしてわたしへの必要を意識させることができても、〝順調な旅〟は、あなたを何事にも心を動かさない自己充足の状態に引きずりこみかねない。

わたしは、あなたの日常生活における〝信頼の小さな歩み〟を、あなたの〝信仰の劇的な飛躍〟と同じくらい気にかけている。

あなたは誰も気づいていないと思うかもしれないが、いつもあなたのそばにいるわたしがすべてを見ている——そして、喜んでいる。

常に変わらない確かな信頼をわたしに置くことは、わたしのもとで成長して花開くために欠かせないことなのだよ。

◆詩篇40・4、詩篇56・3〜4、詩篇62・8、イザヤ26・3〜4

12月30日

わたしがあなたを導いている道は、あなたにふさわしいあなた独自のものだ。

わたしと近くなればなるほど、あなたはもっと十分に真の自分に——わたしが計画したあなたになっていく。

あなたは独自の存在だから、あなたがわたしと旅している道はだんだん、ほかの人の道から別れていく。

それでもわたしは、神秘的な英知と手段によって、あなたがこの独り《ひと》の道をたどりながらも、ほかの人との親しいつきあいを続けられるようにしている。

それどころか、あなたが自分自身をもっと十分にわたしにささげればささげるほど、あなたはもっと自由に人を愛することができるのだ。

わたしの存在と撚り合わせられた人生の美しさに感嘆しなさい。

わたしと親しく心を通わせながら、一緒に旅することを喜ぼう。

自分を失うほどわたしに没頭することで、自分自身を見出す旅を楽しみなさい。

◆Ⅱコリント5・17、エペソ2・10、Ⅰヨハネ4・7〜8、ヨハネ15・4

12月31日

今年も終わろうとしている……このときに、わたしの与える平安を受け取りなさい。

これは、今でもあなたがもっとも深く必要としているものだ。だから、あなたの**平和の君**であるわたしは、あなたの欠けている部分にわたし自身を注ぎこみたいと、切に願っている。

わたしの豊かさとあなたの空虚さは、完璧な組み合わせだ。

わたしはあなたを、自分ひとりの力では充足することができないように創造した。

あなたを、神の御用のために取り分けた**土の器**として造り上げたのだ。

わたしはあなたが、わたしの存在で満たされ、平安があなたの中にあふれつづけていくことを願っている。

平安を与えられていることを、そのときどきの感情にふりまわされないようにして、いつもわたしに感謝しなさい。

愛をこめて、そっとわたしの名前をささやきなさい。

あなたの魂の中に生きつづけているわたしの平安は、あなたが常に心安らかでいられるように、これからもあなたの内に徐々に働きを進めていくことだろう。

◆イザヤ9・6、Ⅱコリント4・7、ヨハネ14・26〜27

※各月扉の聖句は、新改訳聖書を使用しました。

※本文中の聖句は、新改訳聖書をそのまま使用したものと、新改訳聖書等を参考に訳者が作成したものとがあります。

※各日末尾の聖書箇所に付された（　）内のアルファベットは、著者が使用した英訳聖書の略号です。略号と翻訳の名称は、以下のとおりです。

KJV	King James Version
MSG	The Message
NKJV	New King James Version
NASB	New American Standard Bible
AMP	Amplified® Bible

訳　者

佐藤知津子（さとう・ちづこ）

日本同盟基督教団教会員。
おもな訳書に、『ファイナル・ウィーク』『イエスのように』『希望の数字3・16』『ダビデのように』『あなたをひとりで逝かせたくなかった』『愛という名の贈り物』『ほんとうの天国』『わたしの希望があなたを永遠に守る』『聖霊に導かれて歩む366日』『教えて神さまのこと』『主と祈り　主と生きる366日』（以上、いのちのことば社）などがある。

わたしは決してあなたをひとりにしない
──主の声に耳を澄ます366日

2013年 1 月 1 日発行
2024年11月10日21刷

著　者　サラ・ヤング
訳　者　佐藤知津子
印刷製本　モリモト印刷株式会社
発　行　いのちのことば社
〒164-0001 東京都中野区中野2-1-5
電話 03-5341-6923（編集）
03-5341-6920（営業）
FAX03-5341-6921
e-mail:support@wlpm.or.jp
http://www.wlpm.or.jp/
新刊情報はこちら

ISBN 978-4-264-03761-3